何以成长

主　编／王翔宇

副主编／杨　静　苏晓云

山东城市出版传媒集团·济南出版社

图书在版编目（CIP）数据

何以成长 / 王翔宇主编 . -- 济南 : 济南出版社，
2020.9

ISBN 978-7-5488-4442-6

Ⅰ.①何… Ⅱ.①王… Ⅲ.①社会主义核心价值观—
中国—青少年读物 Ⅳ.① D616-49

中国版本图书馆 CIP 数据核字 (2020) 第 171365 号

何以成长

主　　编　王翔宇
责任编辑　宋　涛　姜天一　张慧敏
封面设计　胡　萌

出版发行　济南出版社
地　　址　山东省济南市二环南路1号（250002）
发行热线　0531-86131728
印　　刷　济南继东彩艺印刷有限公司
版　　次　2020年12月第1版
印　　次　2020年12月第1次印刷
成品尺寸　165 mm × 240 mm　16开
印　　张　11.25
字　　数　160千
印　　数　1-5000册
定　　价　39.00元

（济南版图书，如有印装错误，请与出版社联系调换。
联系电话：0531-86131736）

序

2020年，新冠肺炎疫情突袭而至。中国人民众志成城，共克时艰，终于在世界上率先控制住疫情，迎来战"疫"胜利的曙光。

作家迟子建说，瘟疫是魔法师，它能让我们看到人类面对瘟疫时的众生相。在抗击疫情的过程中，出现了很多的新闻事件，有的让人感动垂泪，有的却让人义愤填膺。那些人，那些事，在疫情这面镜子里展示着或伟岸或扭曲的底色。

生活即教育，社会即学校。作为教育工作者，我们认为这些新闻事件也是活生生的社会"大教科书"，对于我们每一个人都有教育价值。孔子说："见贤思齐焉，见不贤而内自省也。"我们要用好这本"大教科书"，让更多的人能够审视自己，上好"人生大课"，实现成长。本书定名为"何以成长"，即源于此。

基于这样的思考，我们面向全体泉城教师，启动了以"疫情期间新闻事件为素材的德育案例作品"征集活动，力求编辑一本点多面广、可读性强、有思考见地、受读者欢迎的社会"大教科书"。

为什么选择新闻事件作为教育案例？主要是因为成为新闻的事件，都是引起了公众和全社会较大关注的真实事件。这些人或事之所以是新闻，一定是触动了公众情感的琴弦，其本身具有一定的冲击力。用这些事件切入，能够以小见大，以事说理，引发人们的深入思考。

本书可读性强，表现在以下几个方面：

一、语言有质感。每一篇都由"新闻事件""何以成长""点睛锐评"三部分构成，不管是对新闻事件的回顾，还是主体部分的分析表述，都尽量用平实的、有质感的语言，表达独到的观点与思考，娓娓而谈，不说教。

二、见解有新意。这些发生的与疫情有关的人和事，我们遴选出来作为素材分析使用，一定要有新知灼见，要有对事件或人物多个维度的不同发现。特别是聚焦抗疫中不同人物的，如钟南山、张定宇、汪勇等，不能只写让人感动的外在行为，而是要回到当时的情境，还原人物内心真实感受，把一个人整体的样貌生动地呈现出来。

三、选材有视角。征集评选结束后，我们发现：有一些内容是媒体热点，大家都比较关注；也有一些事件，关注度虽不高，但意义价值很大。例如：与疫情同时产生的心理次生灾害，如何应对？欧美与我们在"戴口罩"问题上的巨大差异，如何从文化差异上去看待？面对重大灾难，作为个体的人该如何有效应对？于是我们又设定主题，邀请优秀教师来思考、写作，力求多视角呈现，有更多的开掘和发现。

此次我们向泉城的教育同仁征集案例，受到了大家的热情支持。他们纷纷根据自己在疫情期间的感受、理解、见识和思考，选定并挖掘新闻事件所承载的德育价值，经过进一步分析、再思考、深加工，生发出德育生长点，引导人们体察生活，洞见人性，学会思考，提升德性。这体现了教育人在疫情期间的教育担当。

加缪在《鼠疫》一书中说："大家忙着审判别人，为的是自己不必受审。人们最自然的想法，就是认为自己无辜。"一场全球疫情，如果能让我们真正学会了自我审视，内心笃定了要反思什么，相信什么，改变什么，我们也就成长了，进步了。

王翔宇

目 录

人是柔韧的苇草

山东省实验中学　郭尚民

新闻事件

　　新冠肺炎疫情期间，武汉大学人民医院急诊科的护士贾娜不幸染上新冠病毒，又幸运地自愈的经历被媒体争相报道。

　　2020年1月24日，除夕凌晨，贾娜拿到了核酸检测结果：新冠病毒阳性。幸好她的临床症状不明显，肺部感染也不是很严重，属于轻症患者。鉴于当时医院的情况，医生建议她回家隔离吃药，避免交叉感染。

　　就这样，她开始了孤独的自愈之路。

　　在确诊的当天，贾娜就发了一条微博，之后一直跟网友们分享隔离期的生活。越来越多的微博网友为她加油，同时也有许多出现疑似症状的病人向她求助，而她也提供了力所能及的帮助。隔着手机屏幕，他们彼此帮助，承诺共战病毒。

　　1月28日，贾娜进行了复查，CT显示她的肺部病变消失，回归正常，这让她信心倍增。

　　之后，贾娜在养足精力的同时，更多的是为微博网友答疑解惑，鼓励他们，以亲身经历强调自愈的可行性、免疫力能起的强大作用。她也得到了更多人的信任与祝福，微博粉丝涨到170多万。

　　2月4日，贾娜的核酸检测结果终于转阴了！

　　病愈未满一周，贾娜便申请重返一线。在工作的间隙，她还义无反

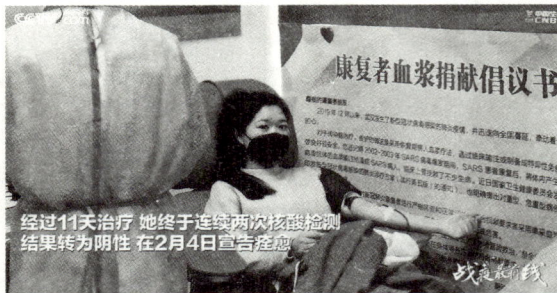

经过11天治疗 她终于连续两次核酸检测
结果转为阴性 在2月4日宣告痊愈

战疫最前线

顾地为一位被感染的护士长前辈捐献血浆。

（摘编自"中国青年杂志"微信公众号2020年3月29日相关报道）

何以成长

在疫情肆虐的日子里，我曾感到莫名的恐惧，有时竟达到了闻"冠"色变的地步。一个女孩子，准确地说，一个与死神近在咫尺的女孩子，竟然奇迹般地战胜了它，逃出了它的魔掌，这不能不让人油然而生敬意。物伤其类，也敬其类，"钟南山们"可敬，"贾娜们"也可敬。他们都促使我们认真地思考一个问题：一个人，应该怎样面对灾难？

一、柔韧的力量

人是很脆弱的，每一次灾难来临，都有无数生命凋零，仿佛是那么的不堪一击。人又是很坚强的，每一次灾难过后，总有无数人在傲然挺立。那么，人到底是脆弱的还是坚强的呢？不妨借用庄子的观点解释：从脆弱的那一面看人是脆弱的，从坚强的一面看未尝不可以说是坚强的。

贾娜是位"95后"的姑娘，亲人又不在身边，可以想见，当她得知自己感染了新冠病毒后是多么无助。不知道她是怎样度过那些吉凶叵测的漫漫长夜的。她有过恐惧，担心自己死在租住的小屋里都没有人知道。但她很快振作起来，她必须完成自我拯救。最后，她成功了。

这就是一种坚强。不是钢铁那般刚硬的坚强，是秋天的苇草那样柔韧的坚强，是能够哭泣的坚强，是可以感伤的坚强，是允许稍微退缩的坚强，但它有强烈的为生命而抗争的意志。

在灾难面前毫无畏惧，不是一件容易做到的事情。此时，"死"不再是一个虚无缥缈的概念，它就在你身边徘徊，面目依稀可见，随时都可能夺走你的生命。

一般认为，新冠病毒容易击倒年老体弱多病的群体，但我们也看到，一些年轻的生命也被夺去了。我们无法去求证这些逝者的心态和意志力如何，但医学工作者和心理学家都认为，乐观的情绪在战胜疾病方面起着重要的作用。我们从贾娜的身上，就能明显地感受到乐观的存在。她如果一开始就一蹶不振，隔离期间不能很好地照顾自己，那后果真是不堪设想。

二、美是主观的

在美学界，关于美的存在，历来有主观与客观之争。但通过贾娜的事例，我在很大程度上更倾向于"美是主观的"。只有感受到生活中存在的美，这种美才有意义，才能给人力量。

贾娜觉得身边的人给了她很多感动。诊断病情的朱主任让她感动，因为他鼓励她当"三好学生"；同事们让她感动，因为他们及时送去新鲜的蔬菜；网友们让她感动，因为他们给了她很多贴心的关怀，特别是精神上的鼓舞……

贾娜应该特别容易感受到周围积极美好的事物的存在。但是，不是每个人都能有同样的感受。和她同处一个城市，有多少人眼中的事物是灰色的啊！他们的眼睛完全过滤掉了美，把一些悲观沮丧的情绪传达出来，让人无端地增添了忧虑和失望。

我并不否认生活中有不美的事物，也不反对人们批判和揭露它们。但我要说的是，既然生活中可能是美丑并存的，为什么有的眼睛善于发现美，而有的眼睛偏偏钟情于丑呢？再进一步说，有没有一种眼睛会以美为丑呢？

喜欢抱怨"丑"的人们，不知他们的人生观是不是功利至上。但我们都能看到的是，善于发现美的贾娜格外快乐，格外快乐的贾娜战胜了病魔。

三、给予，收获快乐

康复不久的贾娜在得知自己的血液可以救助患者后，毫不犹豫地献出了300毫升的血浆。我相信，这个时候的她，更懂得感恩，更乐于给予。

其实，贾娜早就有给予的行为。她对亲人的微笑是给予，她与网友分享抗疫知识是给予，她告知大家自愈的喜讯、帮助病友树立信心是更大的给予……

一般人都认为索取是快乐的，因为索取意味着占有，可以满足贪欲。正如荀子所说，"饥而欲食，寒而欲衣"，人的确是有私心的。可是当面临灾难而又物资有限的情况下还要一味地索取吗？这是不是有悖公德呢？疫情期间，那些哄抢物资、囤积居奇的人，现在感到快乐吗？

给予为什么会收获快乐呢？常言道，"赠人玫瑰，手有余香"，就是说，给予的同时，也有所得。我认为，所得不只是余香，还有被赠者的微笑和谢意，还有自己的玫瑰被别人欣赏的愉悦吧。

圣贤们早就懂得给予的大智慧，都不吝给予。墨家学派追求"摩顶放踵利天下"，他们因给予而得大快乐，所以往往有一种圣洁的光辉。

四、生命要有尊严

看完贾娜的事例，我一直有一个疑问：被感染之初的贾娜有权利申请医院病房的一个床位吗？

当然，贾娜的病情较轻，可以回家隔离治疗，而且据说还可以避免交叉感染。但是，对于一个举目无亲的年轻姑娘而言，是交叉感染的风险大，还是孤身抗疫的风险大？如果她因为吉凶未卜、极度恐惧而要求得到一张病床和密切的看护，这算过分吗？如果我们也处于贾娜一样的境遇，有多少人会选择孤军奋战？亲人们会支持我们做何选择呢？

当时，武汉的医院，病床一定是紧缺的，但一个病人提出她的诉求是合情合理的。甚至，如果诉求得不到满足，她还可以愤怒，痛哭，斥骂，控诉……这样类似的桥段我们不是没有见过。生死关头，一个生命多么歇斯底里的表现都可能产生。

可是，贾娜没有这么做，她默默地回到自己租住的小屋，开始了一个人的战斗。在《鲁豫有约》的镜头里，这个腼腆的姑娘说，她不愿意给人添麻烦。不愿意添麻烦，其实是一种美德。因为有那么多的人太愿意给人添麻烦，甚至是制造麻烦，还美其名曰：维权意识强。不是就有一位和贾娜同城的、疑似感染的退休副厅长，一家人演出了一场拒不入院、对病房提出各种要求、最后还是公务车送去医院的闹剧吗？所以说，作为万物之灵长的人类，无论生与死，总要留有一点尊严才好。

传说大象一旦意识到衰老而将成为其他成员的累赘时，便悄无声息地离群而去，到象冢等待生命末日的降临。电影《泰坦尼克号》有一个镜头感人至深，明知轮船要沉没了，几位乐手仍然全身心地沉浸在自己的演奏中，我觉得，他们就是优雅的老象。

加缪的《鼠疫》有一个谶语般的结尾，说鼠疫永远不死不灭，有朝一日，它会卷土重来。是的，潘多拉魔盒已经打开了，灾难会不期而至。上次的"非典"不就发生在不远的十七年前吗？如果下一次灾难猝然降临，而且生死难料，我们能像柔韧的苇草一样更勇敢、更乐观、更有尊严地去面对吗？

点睛锐评

当灾难来临，对于个体而言，坚强和乐观是至关重要的。可是，坚强和乐观的源泉来自哪里呢？贾娜的故事给我们两点启示：第一，坚强和乐观不是临时产生的，它来自一个人的本性，来自长期的涵养，其形成内因可能是书籍的浸润，也可能是原生家庭的濡染；第二，我们可以从周围人的关注中获得力量，而且来自陌生人的关怀或许并不比熟悉的人少。我们平时不能充分感受到善良的存在，是因为它们像珍珠一般散落在各地。若我们在一个特殊的时刻用一种合适的方式召唤一下，它们就会一下子聚拢来，真诚地呵护你。数百万网友给了贾娜多少力量，是无法估量的。当然，力的作用是相互的，网友们也从贾娜身上看到了战胜疫情的希望。贾娜的善良像一缕阳光一样，照在人们身上。古人说，将欲取之，必先予之。对于关爱而言，同样成立。

野生动物是人类的"敌人"吗？

山东省济南回民中学　万胜国

新闻事件

2020年5月8日，世卫组织食品安全与人畜共患病专家彼得·恩巴雷克表示，新冠肺炎病毒及所属的冠状病毒族群来源于自然界的蝙蝠，偶然通过其他不同种类动物传播给人类，适应人体后导致疾病发生，此类传播都是源自与动物的密切接触。

彼得·恩巴雷克指出，由于新冠肺炎大部分患者症状轻微或无症状，出现更多一开始未被发现的病例并不令人惊讶，疫情初始情况还有很多未知。目前已有许多针对不同动物对新冠肺炎病毒易感性的研究，包括其是否可感染新冠肺炎病毒以及是否可传播新冠肺炎病毒。

（摘编自"央视新闻"2020年5月9日相关报道）

中国科学院武汉病毒研究所等机构研究人员2020年2月在英国《自然》杂志发表论文说，他们发现新冠病毒与蝙蝠身上的TG13冠状病毒毒株基因序列一致性高达96%。TG13是迄今已知的与新冠病毒基因最相近的毒株，表明蝙蝠很可能是新冠病毒的自然界宿主。

2020年5月7日，《自然》在线发表了华南农大等单位合作的研究论文，指出穿山甲或为新冠病毒SARS-CoV-2的中间宿主。样本主要来自野生动物救助中心从走私现场解救的穿山甲，其中有4只中华穿山甲（未检测到新冠病毒），25只马来穿山甲（17只检测到新冠病毒）。

研究显示，一种从马来亚穿山甲身上分离出的冠状病毒与新冠病毒在几种基因中的氨基酸序列相似度最高达到了100%。穿山甲刺突蛋白的受体结合区域也与新冠病毒几乎相同，仅有一个非关键氨基酸的差异。对基因组的比较分析显示，新冠病毒可能来自穿山甲冠状病毒与蝙蝠身上的一株冠状病毒（简称TG13）的重组。研究结果表明，穿山甲可能是新型冠状病毒的潜在中间宿主。

论文呈现了多重实验证据和生物信息学分析结果，为穿山甲具有SARS-CoV-2宿主的潜力提供了证据。目前，更原始的新冠病毒序列来自蝙蝠身上，提示蝙蝠应该是该病毒的宿主，至少在更强的证据出现之前是这样。

（摘编自新华社2020年5月9日相关报道）

何以成长

一、蝙蝠、穿山甲这些野生动物是我们的"敌人"吗？

有研究认为，蝙蝠是上千种病毒的天然宿主，每种蝙蝠平均携带17.22种可能使人生病的病毒，其携带的威胁到人类的病毒数量最多，是排在第二位的哺乳动物——灵长目动物的两倍。蝙蝠可直接将病毒传染给人类，也可能会先传染灵长目动物等其他动物，再传给人类。那么，携带这么多病毒的蝙蝠和作为这次新冠病毒疫情中间宿主的穿山甲是我们人类的"敌人"吗？

在下结论之前，让我们再来了解一下它们。欧洲的食虫蝙蝠会捕食大量可能引发虫灾的昆虫。美国的研究人员对蝙蝠为该国经济的贡献进行了量化，它们捕食昆虫可为每公顷的农场节省约200美元的杀虫剂费用；而热带雨林中，有的蝙蝠以水果和花蜜为食，从而帮助花卉传粉和播种。一只穿山甲一年能至少吃掉7000万只昆虫，以蚂蚁和白蚁为主。白蚁是世界性的五大害虫之一，危害多种林木、水利堤坝、房屋建筑等，每年造成的直接经济损失高达几十亿元。而穿山甲是白蚁的天敌，在自然生态系统中对控制白蚁的种群数量有重要作用，一只体重为3千克的穿山甲，可以保护17平方千米的森林不受白蚁危害。

所以，从这个角度来讲，这些动物远非我们的"敌人"，实际上，它们本身就是自然生态系统中不可或缺的一部分，维护着生态系统的平衡。而且也并非蝙蝠和穿山甲主动把病毒带给了人类，而是人类在自身发展的过程中，不断侵占原属于它们的生存空间，让原本隐藏的与动物和人类都能和平共处的病毒，走到台前与人类针锋相对。

二、病毒为什么会盯上人类？

当我们回顾人类在宇宙中的具体位置时，作家大卫·克里斯蒂安在《极简人类史》做了这样一个叙述：假如将整个130亿年的宇宙演化史简化为13年，那么人类的出现大约是在3天前，这些单细胞生物的出现，相当于出现在3年前。从这样的维度看，病毒比人类要古老得多。

古老的病毒和人类的交锋一直以来都没有停歇，在这个过程中，人类医学持续革新，病毒随之不断变异，而且由于现在温室效应的加剧，南极、北极的冰川还有一些高纬度地带的永冻层纷纷开始消融，我们可能还要面对"冰川里的来客"。2020年1月7日，一篇发表在国外生物学杂志《BioRxiv》上的论文称，俄亥俄州立大学科学家在青藏高原采集的冰核样本中发现了古老病毒存在的证据，其中28种是新病毒。这就意味着一旦全球变暖导致世界各地冰川缩小，在这些冰川或永冻层里封冻的远古时期的病毒，会随着冰川的消融重新释放出来，而这次它们面对的是已经自称为"地球主人"的人类。因此，虽然人类现在自诩是地球的"统治者"，但并不意味着人类可以肆无忌惮地开发和破坏地球的自然资源与环境。人类种群无限扩张和蔓延，给地球带来了气候变暖、空气污染、水污染、土壤污染、雨林减少、物种灭绝等恶果，从某种程度上讲，人类可以称得上是地球的"病毒"，侵蚀破坏着地球的健康肌体，那么谁敢说地球不会动用自己的"免疫工具"——病毒，来清除人类这个"病毒"呢？

三、人类该正视自身的问题

人类最初是靠猎杀野生动物获得优质蛋白而维持生存的，那时候很多野生动物大而凶猛，威胁到人类的生存安全，人类和野生动物成为对立的两大阵营。农耕时代后，人类的食物来源多元化，一些野生动物被驯化成家畜、家禽，保障了人类能够稳定地获得营养，野生动物大多退出人们的视野，躲进人迹罕至的荒野，人和野生动物的对立也逐渐演化为对野生动物的驱赶和杀戮。现代社会，野生动物在人类的捕杀和工业化导致的生存环境恶化等多重压力下，数量大规模减少，生存空间被极大压缩，原来威胁到人类的猛兽大都成了动物园和马戏团里供人类欣赏的"演员"。野生动物的生存空间被不断压缩，寄存在它们身上亿万年的病毒和细菌，由于宿主数量的减少、环境的恶化，打破了原来的微妙平衡，开始游离出来，四处寻找新的宿主，大有要将人类作为最终宿主的危险倾向。

人类已经习惯于站在食物链的顶端，把自己放在至高无上的位置，用以人类为中心的视角去定义其他物种存在于自然界中的价值，在这样的认知视野中，自然界成为人类的市场，动植物成了市场中供人类使用的商品或者餐桌上的美食。以自我利益为中心，随意干预其他动植物的生存轨迹，变自然选择为人类选择，塑造以人类为中心的生态系统，但这样的生态系统真的稳定吗？在这点上，我认为就像恩格斯所说："我们不要过分陶醉于我们人类对自然界的胜利。对于每一次这样的胜利，自然界都对我们进行了报复。"

四、人类终究只是自然的一部分

病毒就像是自然界寄给我们的一个充满未知基因的包裹。收到这样一个包裹，你敢拆吗？不敢拆，因为里面到底装的是什么，我们也不知道，一时冲动，就可能会打开潘多拉的魔盒。我们可能会觉得，随着科技发展，医学也在不断进步，我们定能够战胜疾病、消灭病毒，但我们也应该清醒地认识到，且不说艾滋病、癌症等现存的疾病人类目前依然束手无策，医学的革新对抗的往往也只是已知的病毒，想要延续人类文明的我们，最终要依靠的是对自然的敬畏之心。因此，人类要摆正自身位置，把自己作为自然生态系统的一部分，而不是自然的主宰。

就像著名主持人董卿在某节目上所说："枪响之后没有赢家。"人类不断捕杀野生动物，侵占其他物种的生存空间，到最后付出沉重代价、自食其果的，只能是我们人类自己。从2003年的"非典"再到如今的新型冠状病毒，大自然再次警示我们，只有在和谐共生的前提下去追求人类社会的发展，自然才会善待我们，善待我们的子孙后代。

点睛锐评 ....

这场疫情足够震慑我们每个人的内心，也许也只有这样的震慑，才能激起我们足够的敬畏之心，让我们更加珍爱生命、珍爱野生动物、珍爱我们赖以生存的自然环境。人类发展至今，人群中的智者一直在不断反思和矫正我们的生活方式，厘清和捋顺人与自然的关系，并以实际行动推动着人类行为的改变，人地和谐的观念也越来越深入人心。我们要像习近平总书记说的那样，"像保护眼睛一样保护生态环境，像对待生命一样对待生态环境"，共建我们和谐共生、平衡发展的"地球村"。

一张"逆行"的车票

济南市阳光100小学　李　娜

新闻事件

这是一张动车票，出发时间为2020年1月18日，从广州南站去往武汉站。无座，票价465.5元。身份证号显示，乘车人生于1936年，已经84岁高龄。

这张小小的车票背后，是一个匆匆赶车的八旬老人，更是一个为人民出征的抗"疫"英雄，是一座阻击病魔的"巍峨南山"！

那天是星期六，钟南山院士从深圳抢救完病人回到广州，当天下午就接到通知赶去武汉。当时航班已无机票，高铁票也非常紧张，临时上车的他被安顿在了餐车的一角。列车飞速向前，而劳累一天的钟院士仍然继续着高强度的工作，倦怠至极时也只是仰靠座椅闭目稍作休息。

两天后，钟南山在央视发出预警：新冠病毒"肯定存在人传人""没有特殊的情况，不要去武汉"。一场抗疫大战，自此拉开序幕。

而耄耋之年的钟南山院士，就是用这张无座车票把自己送到了疫情的重灾区！

（摘编自"人民日报微信公众号"2020年3月21日文章）

何以成长

一、一张车票满是"情怀"

钟南山，中国工程院院士，著名呼吸病学专家。人们第一次认识他，是在17年前那场"非典"战疫里。那时，"非典"来势汹汹，67岁的钟南山临危受命，担任广东省"非典"专家组组长。当时情况紧急，疫情变幻莫测，别人都怕，他不怕，果断说："把重症病人都送到我这里来！"在他的带领下，广东在"非典"防治中表现突出，"非典"病死率仅为3.8%，全球最低。

17年后，新型冠状病毒导致的肺炎疫情暴发，武汉告急。84岁的钟南山院士再次临危受命，拿着一张无座火车票，逆行奔赴武汉，战病毒，救苍生——细细思之，此行前路未卜，可能满是凶险。然而钟南山依旧毅然前行，哪怕半夜抵达也不再延迟一天——这张不起眼的小小车票，上面写着两个大大的字：担当！

心怀家国，关键时刻挺身而出，这是国士钟南山一生的坚持。

少年立志的钟南山一路奔跑，潜心学习。他留学英国，面对英国学术圈的极力挽留，他与父亲当年的步履方向一致，毅然回国，毫不迟疑。"科学没有国界，但科学家却有国界"，这句话深深烙刻在钟南山的心里。

二、一种求是满怀"风骨"

钟南山院士家的墙壁上挂着一幅字：敢医敢言。四个字道出了屋主人的风骨——只认真理，实事求是。早年留学英国，他挑战英国医学权威牛津大学的雷德克里夫医院克尔教授。"非典"时，针对权威专家的错误判断，他又站了出来，第一时间上报疫情，建立全球第一个隔离病房，成为抗击"非典"的重要分水岭。这次新冠肺炎疫情中，他第一个明确提出"此病人传人"，也明确表示不赞成"群体免疫"，之后的每一个战疫阶段他都直言自己的想法，有什么说什么，不回避，不隐瞒，更不说虚假的话。后来，"钟南山"这三个字，几乎成了讲真话的代名词。在民众眼里，他就代表正直，代表科学，代表100%的可信度。

他有个口头禅叫"我实事求是地讲"。他说："科学只能实事求是，不能明哲保身。"他还说："真话和真药一样重要。"

在这个信息爆炸的时代，各种资讯鱼龙混杂，有人哗众取宠，有人造谣生事，有人趋利避害……钟南山院士求真求实的精神，赢得了全国人民的敬仰，也成为值得每个人学习的榜样。

三、一脉家风满腔"正气"

钟南山毕生安于在冷门的领域中深耕细作、潜心修炼，成为业界泰斗；勤于锻炼、体格健壮，成为运动健将；勤于钻研、成果丰硕，成为中科院院士；实事求是、敢说真话，成为全民信赖的"巍峨南山"。是什么信念，给予他自信与勇气？是怎样的力量，支撑他挑起千钧之重？

钟南山曾说："在我的生活中，对我影响最大的是我的父亲钟世藩。"钟世藩，我国著名儿科专家，曾被世界卫生组织聘为医学顾问。对于子女的"身教"，他将爱国情怀和敬业精神贯彻到了极致：放弃美国优越的环境，拒绝蒋介石政府的威逼利诱，为祖国的医学事业奋斗一生；自费买小白鼠在自家顶楼做实验，晚年视力急剧下降但仍坚持捂着一只眼睛写出《儿科疾病鉴别诊断》。对于子女的"言传"，他"人狠话不多"，"说话一定要有证据""人这一辈子总要留下点什么，才算没有白活"……

钟南山说："我同情弱者、乐于助人的这些善举，是从母亲的言传身教中得来的。"钟南山的母亲廖月琴是国内护理学专家，是广东省肿瘤医院的创始人之一。她热爱医学，博览群书，钟南山和妹妹从小就爱听妈妈讲故事；她鼓励赞美，言出必行，在家庭困难的情况下仍信守承诺给年幼的钟南山买了自行车；她善良贤淑，奉献助人，为钟南山家境困难的同学购买求学车票……

还有伉俪情深的篮球国手妻子，投身杏林的医学专家儿子钟惟德，子承母业的游泳运动员女儿钟惟月，一家三代，以身许国，这是何等可敬可佩的家风典范！钟南山正是从自己的家庭中汲取到无穷的力量与勇气，并反哺于深爱的小家和大家。

一颗救世之心，一腔赤子热忱，一身高超医术，一片勇毅仁心，一脉家风传承。钟南山用凛然风骨，诠释国士典范，挺起中国脊梁，守护天下苍生。我们不会忘记这张车票所释放出的撼天力量，我们衷心祈愿钟南山院士寿比南山，我们更应追求南山之外，还有南山！

点睛锐评

一位叱咤田径场的少年，如何成为妙手仁心的医者？一位历经坎坷的老人，凭借什么两次在病毒肆虐时力挽狂澜？钟南山院士以诚信做骨架，以大爱为经纬，为天地立心，为生民立命，完美诠释了院士的职责，战士的勇猛，国士的担当。透过这张逆行车票足可洞见我们的民族精神，堪为时代新人的精神之"钙"。在中华民族跌宕的历史长河和伟大的复兴之路上，每一次的磨难都是"家国情怀、使命担当"的再升华，每一次的困难都是"实事求是、执着勇毅"的再登攀！

抗疫女将军演绎"中国速度"

山东省济南第九中学　孙　军

新闻事件

　　"力争在最短的时间内，将正在研制的重组新冠疫苗推向临床、推向应用，为打赢这场疫情防控阻击战提供坚强的科技支撑。"这是中国工程院院士、军事医学研究院研究员陈薇在接受采访中做出的回应。

　　无论是否身在武汉，陈薇一直在进行新冠疫苗研发等相关工作。8月11日，陈薇获"人民英雄"国家荣誉称号的新闻传开后，网友们纷纷为这位"巾帼英雄""女中豪杰"点赞。

　　就在上个月，7月20日，国际学术期刊《柳叶刀》杂志在线发表陈薇领衔团队研发的新冠疫苗Ⅱ期临床试验结果的论文。根据《柳叶刀》上发表的新研究，在中国进行的前述新冠候选疫苗的Ⅱ期临床试验证明，该疫苗是安全的，并且可以诱发免疫反应。这一消息鼓舞人心，令国人激动。

从抗击非典，到援非抗埃，再到武汉抗疫，陈薇长期致力于生物危害防控研究。新冠肺炎疫情发生后，陈薇闻令即动，紧急奔赴武汉执行科研攻关和防控指导任务，在基础研究、疫苗、防护药物研发方面取得重大成果，为疫情防控做出重大贡献。

1月26日，陈薇率团队奔赴武汉，开展腺病毒载体重组新冠病毒疫苗研发攻关工作。陈薇团队围绕新型冠状病毒的病原传播变异、快速检测技术、疫苗抗体研制等，与军地有关单位迅速建立起联防、联控、联治、联研工作机制。陈薇率领科研人员在病原学、免疫学、空气动力学等领域展开研究，建立"核酸检测—抗体筛查—多重病原检测"的鉴定链条，提高了临床诊断的准确率和治愈率。

团队一边精准筛选确诊病例，一边争分夺秒地研发新型冠状病毒疫苗。3月16日，陈薇带领科研团队研制的新冠病毒疫苗，成为国内第一个获批正式进入临床试验的疫苗。4月10日，完成疫苗一期临床试验接种的108位志愿者，全部结束集中医学观察，健康状况良好。4月12日，该疫苗开展II期临床试验，成为当时全球唯一进入II期临床试验的新冠病毒疫苗。

一位成员告诉记者，疫情发生后，陈薇第一时间奔赴武汉，肩负着重大的使命，工作强度极大，"夜以继日，全力拼搏，付出了巨大的心血"。11日，记者联系到陈薇院士团队成员后得知，大家已经得知她授奖消息，也表示深受鼓舞。

（摘编自《长江日报》2020年8月12日相关报道）

何以成长

疫苗，是终结新冠肺炎最有力的科技武器。

世界各国都在争分夺秒，全力以赴地进行疫苗研发。而这一次，陈薇团队创造的"中国速度"实现全球领跑，为全球抗疫提供了有力的科技支撑。

巨大的成就背后，往往是巨大的付出。回溯过程，我们试着去解读这一危难时刻的"中国速度"的来由，深味英雄们身上负重前行的分量。

一、以身许国：内心的选择，指引前行的方向

人，始终在追问，也不应该停止去追问生命的意义。

社会，会因为不同意义探索而五彩缤纷；但文明的传承、社会的进步、民族的延续，始终有赖于这样一群人，他们从屈原"路漫漫其修远兮，吾将上下而求索"，到林则徐"苟利国家生死以，岂因祸福避趋之"，为民请命，舍身为国，埋头苦干，拼命硬干。

曾经有人问陈薇："去疫区那么危险的地方，万一回不来怎么办？"她的回答很干脆："穿上这身军装就意味着这一切都是自己该做的，我愿这一生都能和致命病毒短兵相接。"

穿上军装，意味着闻令即动。

和致命病毒短兵相接，意味着要走进疫情最严重的地方，与病毒做"最亲密"的接触。

那么，一次次逆行的勇气来自哪里呢？"我愿这一生都能和致命病毒短兵相接"，这是陈薇院士的回答。

"就像医生总是要随时备好器具来应付紧急的手术，你也应该铭记一些原则。"《沉思录》中启示人们，要做好人生的思索，做出人生的选择，有了自己的原则，才能随时面对人生的纷繁复杂。

方向，决定了速度的意义。疫情的肆虐，让我们看到了生命的脆弱，更看到生命的珍贵。亲爱的你，会让生命朝哪个方向行驶呢？

中国速度的背后，是一个个"陈薇式"的身影，他们坚定、执着，我们才会平安、幸福。

二、反哺人民：行为的立场，形成前行的动力

1月26日，陈薇率团队奔赴武汉。在陈薇的指挥下，短短24小时内，一座负压帐篷式移动实验室迅速搭建起来。他们第一时间建立了全自动核酸提取平台，将近百份样本从处理到检测完成的时间压缩到4个小时，单日标本检测能力最高达到1000份以上。

陈薇在提速。"没有看过武汉最急迫的样子，就无法体会武汉人民对疫苗的渴望。"

3月16日，陈薇带领科研团队研制出国内第一个获批正式进入临床试验的疫苗。"这款疫苗我们有自主知识产权，这就意味着我们在任何时候、任何场合不用看别人脸色来做我们的疫苗开发。在后续疫苗投产应用时，我们也能以更低的价格让中国百姓在需要的时候，第一时间获得接种。"

"这件事我为什么非得这样做？思索这个问题，我们是要从立场出发，找到前行的动力。"

中国速度的背后，立场鲜明。"我不知道新冠危险吗？我没有家庭吗？不是的，我一直觉得我们是军人，来自于人民，反哺于人民。我们承担更多的困难，我们承担更多的危险，人民就会更少地受到病魔折磨，更多地过上健康的生活。"

我们把生活中需要做好的事情，分成了两类：喜欢的和应该去做的。对于后者，要做好取决于什么？小时候，我们会说是态度；工作后，是职业道德。面对逆行的英雄，我们感悟到了另外一种关于"立场"的表达，叫使命感。

从石猴到斗战胜佛，西天取经的八十一难，完成了一个自然人到社会人的蜕变过程。我们总要学会长大，成熟的过程不正是伴随着对自我个体的剥离，学会从他人、社会的角度确定立场吗？《雷锋日记》中写道："一滴水只有放进大海里才永远不会干涸，一个人只有当他把自己和集体事业融合在一起的时候才能最有力量。"

三、决不退缩：坚持的态度，扫清前行的障碍

中国速度的背后，是夜以继日的坚持，是年复一年的坚持。

中国速度，依靠具体可靠的行动。为了研发疫苗，陈薇带头走进了负压实验室，尽量不吃不喝不上厕所，强忍负压缺氧的工作环境带来的身体不适，在实验室里一待就是八九个小时。

中国速度，依靠的是陈薇院士的卓越学识。她花4年时间成为了微生物学的硕士研究生，3年后又获得了医学博士学位，求学之路，孜孜不倦，成就来自于她坚持己心，受得住清苦单调，时时刻刻泡在实验室里。

中国速度，依靠陈薇团队科研工作中的积累和技术上的储备。工作要围绕新型冠状病毒的病原传播变异、快速检测技术、疫苗抗体研制等

内容，在病原学、免疫学、空气动力学等领域展开研究。新冠肺炎疫情是一次危机，也是一次大考。"我们团队能够在新冠疫苗研发中取得重大突破，是长期坚持自主创新的结果。"

坚持，是生活中的高频用词，我们都曾体验过。要用到"坚持"的时候，行动一定是到了瓶颈期，身心承受的压力也到了极限。在这个时刻，你需要调整，可以适当放松，可以改变思路，也可以迎难而上，但最不正确的选择是退缩。

选择退缩，是放弃最初的梦想与前期的投入，是在拒绝对自我的挑战与突破，是接受一个确定而只能平庸的将来。

记者问："有没有某一个时刻想过退缩？"陈薇院士这样回答："心里会疲惫，但既然把你处在这样的位置，也带着这样的团队，你这个旗帜就不能倒，你的精神更不能退。"

决不退缩！虽然不是所有的坚持都会有理想的结果，但在日积月累的努力里，我们一定会成就一个更好的自己。

点睛锐评

"人类同疾病较量最有力的武器就是科学技术，人类战胜大灾大疫离不开科学发展和技术创新。"我们在享受着文明高度发展的同时，还要有忧患意识，还要有崇高的责任感。我们的文明还不足以解决任何问题，年轻一代要自觉接受良好教育，学习好知识和技能，去解决摆在人类面前的诸如疾病、能源以及环境等问题。

从抗击非典，到援非抗埃，再到武汉抗疫，每一次疫苗研究，陈薇院士都走在了世界前列。但科学研究绝不是一蹴而就，往往伴随着一次又一次的失败。这二十年如一日的坚持取得的成就，也在启示我们没有哪一个人一生出来就擅长做什么事情的，只有努力才能培养出技能。生活中有一种错觉，似乎很多人不需要付出多大的努力就能功成名就。其实不然。只是他们勇于不断尝试，并能摆脱失败的阴影。成功在哪里？就在于真正下定决心，并能坚持到底。

今生无悔是医者

济南市历下区龙奥学校　卢苗苗

新闻事件

　　武汉新冠肺炎疫情发生后，传染病学专家李兰娟经过研判，认为从传染病科学的角度来说，只有控制传染源，也就是对武汉采取"封城"措施，才能不发生大流行。但当时时值春运，"封城"是一个重大社会抉择，如何平衡利害关系，也需要科学的部署。国家经过观察和慎重考虑，最终采纳此建议。事实证明，此决断是正确的。

（摘编自《环球时报》相关报道）

　　武汉封城后，李兰娟主动请缨去武汉救治危重症患者，她说："我是一个传染病医生，这个险我一定要冒的。"来到武汉后，她的几项工作同时开展：指导团队讨论诊疗方案救治危重症和重症患者；作为专家给防控工作提建议；给各地来武汉增援的医护人员进行培训；指导火神山、雷神山和方舱医院的工作；每天和传染病诊治国家重点实验室连线指导科研……她忙到几乎没有时间休息，有时只睡三四个小时。她说："这次战役不成功，我们就不撤兵。"

（摘编自"央广网"相关报道）

一、知识的储备量和专业度很重要

精湛的专业知识会让一个人保有相关领域信息的高度敏感性以及精准预判性。2019年12月底"不明原因肺炎"的出现，引起了李兰娟的关注。经过对多方信息的搜集，依据自己传染病方面的相关科学知识，结合在抗击"非典"和防治H7N9型禽流感方面的经验，她认为已经有医务人员感染，而且情况并不乐观。为防止形势进一步恶化，李兰娟提出"封城"的建议，认为"封城"是阻断传染源最有效的措施。时至今日再回顾，我们不能否认，正因为有这样如此快的判断力和决策力，才有效地避免了疫情扩散至全国，为我们的疫情防控工作在如此快的速度下取得阶段性的胜利提供了最大可能性。

随着武汉疫情逐渐好转，2020年3月8日李兰娟做了预判，"预计到3月中旬，20号左右能够清零"。3月18日，武汉新增确诊病例首次为零，同时新增疑似病例为零，现有疑似病例为零。之后，李兰娟表示，清零两个星期后如果没有反弹，那么武汉可以"解封"。3月24日，湖北省新冠肺炎疫情防控指挥部发布公告，武汉市将于4月8日"解封"。事实证明最终结果和李兰娟的预测情况不谋而合，如此精准的预测让我们不得不佩服李兰娟的知识专业程度如此之高。

从另一个角度去看，去理解，无论是"封城"还是预判，不单体现出李兰娟的专业高度，同时也告诉我们：要相信科学，相信科学理论。科学及其知识本身虽没有绝对正确，但在面对可能需要科学知识做支撑的问题时，我们要用科学的思想，秉承实事求是的态度去思考、去批判。而作为一名科研工作者，实践很重要，要像李兰娟一样，不仅要耐下心来做好科研，精进技能，更要不辞辛苦，无畏生死，深入一线，从实际出发，发挥自己的专业能力，做出最准确、科学的判断。一切科学和知识，不是空谈，而要扎根实际，更要作用于社会，回馈于社会。

二、走好自己选择的路

准确的判断来自科学和专业，而科学和专业来自刻苦，来自积累，更来自对梦想的坚定追求。这场疫情让我们看到了李兰娟的专业素养，知道了她在医学方面的硕果。她能有如此之成就，一定有着她的过人之处，背后的原因值得我们去关注。

从医生到院士，李兰娟走过了一条漫长而艰辛的路。因为家庭经济困难李兰娟差点辍学，又因为一些原因没法参加高考。经历了社会与人生的动荡，倔强的李兰娟并未就此懈怠，而是为了医者的理想一直默默努力。后来，当机遇来临，为了理想，当时生活费仅够生存的李兰娟放弃了每月有24元工资的任课老师岗位，而选择每月只有3元工资的医学行业。理想会让一个人的人生因奋斗而闪闪发光，无论是求学的刻苦，还是选择的坚定，李兰娟用执着和努力确定了理想的人生之路，在选择的职业中兢兢业业，默默耕耘，书写了人生价值，为自己交上了一份无悔的答卷。"悬壶济世成良医，今生无悔入杏林，"她说，"这是我今生无悔的选择。"工作后的李兰娟，可谓是与时间分秒必争。熟悉她的同事说："她总是在拼命工作，有时候春节都是在实验室里度过。"在从事管理工作的同时，她始终未放弃专业上的追求。正因为有这样的拼搏忘我精神，有这样不间断的持续积累过程，我们才看到了今天的李兰娟。梦想不仅因努力而得到实现，也会因不懈的追求而站得更高，走得更远。

三、彰显人性光辉

不成功，不撤兵，多么铿锵有力的誓言，又要付出多少努力去践行。在灾难面前，人性的光芒闪耀在蓝天之下，逆行者的身影里，不该忘记这位微笑和蔼的老人。在疫情面前，她把挽救生命放在第一位，把解除病痛作为神圣的职责，苍老却依然有力，疲惫却始终坚守，不辞辛苦，无畏生死，践行智者仁心，书写人间大爱。从李兰娟身上，我们看到了一份神圣的责任感，一份崇高的奉献精神，作为医生，在疾病面前全力以赴、舍生忘死，面对病人默默付出、大爱无疆。

在她身上，这些闪光的品格，这些可贵的人生信念，从背后去探究，是一份感恩之情，是一份回报之心，是家庭的教育和社会的温暖，让她的这颗心变得仁善而正直，开阔而无私。李兰娟的母亲奠定了她对社会和人生的"第一印象"，以朴实无华的言行教给她老实做人、认真做事、刻苦勤奋、严以律己、宽以待人的道理。在她的求学道路上，老师和国家的帮助让她有机会求学、深造；科研和管理两个团队的全力支持，让她取得事业的成功。她说她唯有勤奋工作、尽心尽责、关爱病人、奉献社会，才能不辜负所有给她支持帮助的人，才能报答党和人民的哺育之恩。在当今社会，温暖无处不在，我们应懂得感恩，懂得珍惜，并发挥一己之力，用温暖去反哺社会，以爱心去回报爱心。当人与人之间多了情感的维系，当整个社会多了几分感恩与回报，和谐与幸福的微笑会自然地展露，静静地流淌。

勤奋工作，尽心尽责，关爱病人，奉献社会，不辜负所有帮助自己的人，因为有着这样的人生和事业信条，我们看到了舍己为人的李兰娟。封城，在中国疾控史上从未有过，如果疫情没有想象中的那么严重，李兰娟一生的荣誉和声望都将毁于一旦，千钧一发时刻，她选择：国家和人民的利益高于一切。

我们看到了心系病人的李兰娟。1986年，李兰娟申请到了人工肝治疗重型肝炎的青年科研基金，她历经10余年，艰苦攻关，只为攻克重型肝炎病死率高达80%的世界性难题。人工肝技术的开创，促急性、亚急性重型肝炎治愈好转率从11.9%上升至78.9%，慢重肝病治愈好转率从15.4%上升至43.4%，使众多的重型肝炎患者重新升起了生命之帆。李兰娟曾经的一位病人写道："作为一个肝病患者，人工肝技术让我重新拥有了健康，在我吃得香、睡得甜，每天感受生命的美好时，总是难忘李教授的救命之恩。"

"幸福，是一种美妙的享受，没有经历汗水的洗礼，是难以感受到幸福的真谛的。我在为他人创造幸福中享受着幸福。"李兰娟用博爱，用自身专业在医学这条路上散发着无限光辉。

"我永远是一名普通医务工作者，一生最大的心愿就是人类最终能够战胜传染病。""我喜欢医生这个职业，我热爱卫生事业，解除病人痛苦是我一生的追求。"这是李兰娟发自肺腑的滚烫誓言。

　　不为馨香重，只为无悔这一生。历史不会忘记，跨过生死门的武汉不会忘记，我们都不会忘记李兰娟这个名字。看，她笑了。这一笑抚慰了我们的心灵，这一笑温暖了整个春天……

点睛锐评

　　一个灵魂的伟大与否不单单能在细微处体现，更能在突如其来的"狂风暴雨"的旋涡中展现。实践出真知，行动见真情。疫情之下，李兰娟院士的表现值得我们反省、深思。第一，在关键时刻，我们是否愿意心甘情愿地去尽力奉献自己的那份光和热？这是一种选择，也是一种价值追求。第二，在这个物欲横流的时代，我们内心是否依旧安定，在自己选择的那条道路上俯下身子，潜心钻研，不为追逐名利，只想做一点实实在在的事情？李兰娟院士的精神给无数人以鼓舞，同时也起到了非常好的引领作用：现在是一个知识的时代，科技的时代，用知识武装头脑，用科技创新发展，才能在自然、社会以及人类的命运共同体背景之下，去评判真正的人生价值。

"硬核医生" 张文宏

山东省济南第一中学　王祥恒

新闻事件

一夜之间，"张爸"红了。张文宏，你究竟是一个怎样的人？

学生口中的"张爸"，是现在上海抗疫战场上最知名的白衣战士——上海市医疗救治组组长，复旦大学附属华山医院感染科主任、党支部书记张文宏教授。凭借"党员冲在最前线，什么是前线？现在就是""不能欺负听话的老实人"等硬核"大白话"，张文宏在全网圈粉。

张文宏谈及自己爆红，率真如"张爸"直言："实非我所愿！其实，我只是一名普通的党员医生。"与张文宏共事20年有余的感染科同事则略显诧异："昨天视频突然走红，社会都疯转，我们还有些想不通，他平常就是这样的呀！"

科室同事眼中的张主任业务精进，是枚"定海神针"。疫情来势汹汹，才发现苗头，张文宏第一时间宣布：华山感染病房全部腾空，留

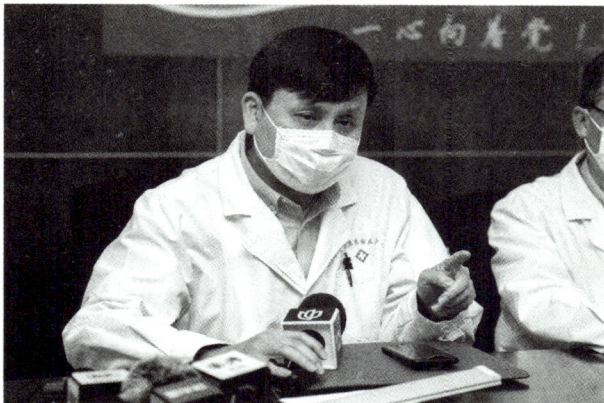

给可能出现的隔离病人。哪类病人需要留观、哪类病人可以解除留观，制定标准后，张文宏掷地有声，"按照这些标准来，出了事我来承担""没有防护，你可以拒绝上岗"——从战疫一开始，张文宏拦出一条严格"红线"，感染科年轻医生心定了："张爸护着我们，我们更要卖力干！"

学生眼中的"张爸"，已忙到几乎没有时间睡觉。"铁人"张文宏，除了坚持不懈做着本职工作，还进行着科普工作。疫情当前，华山医院感染科公众号"华山感染"，也成为民间爆款。无数网友每天醒来就盯着更新，听张文宏团队对疫情的最新解读，由此抚平焦虑紧张的心。

（摘编自《解放日报》2020年1月31日相关报道）

何以成长

2020年不同寻常的春季让逆行的白衣战士成为当代中国最可爱的人。他们中的佼佼者、领航者冲上了新闻热搜，张文宏凭借鲜明的个人风格成为最耀眼的星！

从令人谈之色变的"非典"，到禽流感、埃博拉病毒、新冠肺炎疫情……每一场感染性疾病的重大战役，张文宏总是严阵以待，奋不顾身鏖战在"紧急应对"的最前沿。他"不计报酬、无论生死"，逆向而行，用自己的一腔热血和专业技术，时刻守护着这座城市、这个国家的公共安全。

一、幽默与诙谐

在大灾大难面前，张文宏幽默诙谐，不恐慌不害怕。这种幽默其实反映了他内心的一种从容与自信。

面对别人的提问，他就用最通俗的语言来回答，生动又形象。科学性的问题不用术语来解释，幽默诙谐的话语让我们明白了这些科学问题其实没有那么神秘莫测。

"你在家里不是隔离，是在战斗啊！你觉得很闷，病毒也给你闷死啦。"他通过自己内心的力量，把这种力量传达给全国人民，扫除了人们的浮躁与不安，给予了人们鼓励和信心，使大家安守在家中。而且这句话更告诉我们，每一个人都有和病毒抗争的责任，不一定非要在"前线"做点什么，现在躺在家里就能为国家做贡献了。

"好好说话，1.5米足够安全。但是有人向你吼、和你吵架，那就得5、6米才安全。"他的话，让人们在莞尔一笑间记了下来。没有说教，没有指责，没有颐指气使，幽默诙谐的话语如春风抚慰人心，如太阳温暖人心，为疫情中的人们提供了一剂最好的良药。

每个人都愉悦轻松地接受了他的观点和建议，这比那些冷冰冰的广告和标语要真实得多，可爱得多，有力量得多。有趣的灵魂万里挑一，张文宏真不愧于"段子手男神"的称号，他这个"网红"是褒义的，也是人民的心声。

二、敢于说真话

疫情发展至今，张文宏一直在说真话，做实事。他是敢说真话的老实人。

由一句"抗疫前线党员先上"我们认识张文宏后，发现他每一次发声都是金句，而且次次刷屏。

"不能欺负老实人。"他用最质朴的话语，表达出对医护人员最真挚的关爱。金句走红的背后是他看得到别人的付出，并肯定和尊重别人的付出。那么老实人是谁呢？我想应该就是那些真正扎根基层、扎扎实实工作的人。我们不能够让他们吃亏，这才是"不能欺负老实人"。现在有些人整日说得天花乱坠，但却不干实事，慢慢寒了许多人的心。而张文宏的一句话，切切实实地打动了那些真正的"老实人"，让他们心甘情愿地去做事。医护人员哪怕在换岗、轮岗的过程中，仍旧心念患者，不计个人报酬，毅然向前。

很多人说他真的太耿直了，"耿直"是他对一些现象敢于直言，敢说真话。他说，这个疫情来了，我们所有的医务工作者都是在整个事件的中心，这个时候必须讲话，因为讲的都是事实。

现在社会有些人一直都在一片叫好声中生活，往往就听不进不同的声音，但正是这些不同的声音才能唤醒人们。越是关键时刻，我们越需要他这样敢站出来讲大实话的人。我们的社会需要这种声音，这是民众的心声，是社会进步的体现，反映出了生活的现实与真实。

这种"真话"似乎难以接受，却深入人心。因为他说的是真话，是我们每个人都想听的真话。他心中有平等的观念，能理解包容别人，能共情抚恤别人，能在人际上抓准平衡点。每一句话既朴实真切，又生动诙谐；既贴近生活，又贴近人心，蕴藏着无穷的力量。不是华丽的语言，却得到人们的信服。我们的国家就需要这样的"真"。

三、奋进有担当

他是党员，为担当者担当，冲在第一线。他是医者，面对困难迎难而上，面对挫折不抱怨。他是引领者，言传身教，做出榜样。

国内疫情形势渐好，大家觉得离摘口罩那天不远了，张文宏却说，疫情在今夏结束基本不可能，或许要持续到明年春天，可能又有一个小高峰。你刚燃起一点希望的火苗，就被他一盆冷水浇灭了。可这冷水的实质，却是他的勇于担当，展现出了他真正的人格魅力。

当百姓都对病毒避之唯恐不及时，他站了出来。这时，一旦说错可能就会掀起巨大波澜，没有人敢承担这个责任。但他勇于担当，凭借自己过硬的专业知识，在病毒分析的基础上，客观理性地告诉我们如何去做，为社会舆论注入理性，给人以信心和力量，让我们更客观、更冷静，更能静下心来去坚守、去抗争。

从"非典"到"新冠肺炎"，一路走来，每次到了这样的关键时候，张文宏始终明晰肩头的重责，始终竭尽全力奋战在最前线。他不是张口就说"好好好，是是是"的专家，始终不迎合任何人。他工作踏实勤奋，一直奋战在抗疫一线。他让别人休息，自己却一直在指挥，一直在研究，一直在抗争。这是他作为一名感染科医生的理想，更是他作为一名共产党员的使命。没有人生来就是英雄，只是选择了无畏。

在他的带领下，疫情中"90后"的表现颠覆了人们对年轻人的印象。以前，你很难给"90后"定义，感觉他们还是需要呵护的孩子。现在，无畏和担当完全是"90后"配得上的形容词。"90后"身上体现的责无旁贷的主场感和义无反顾的使命感，让我们深深动容。

"这次疫情，给了年轻人非常好的表达这种内心冲动的机会，因此，我对年轻人是最尊重的，如果年轻人'熊'了，国家就没有希望。"张文宏说，今天选择学医的年轻人是特别了不起的，他们内心充满理想，对职业充满兴趣。张文宏看到了年轻人身上的闪光点，他在鼓励年轻人，激励年轻人，这就是他的责任感。社会的发展最终还是靠年轻人，对他们的呼唤是时代和历史的必然。年轻一代的没落，定将导致整个国家、整个民族的衰亡。而现在我们看到了希望，年轻人不像网上有些人说的那样一无是处，张文宏点亮了年轻人心中的希望。这是作为一名党员的担当与引领，这是有血有肉的担当，有情有义的引领。

四、保持平常心

在这次疫情中，我们看到了张文宏医生的"平常心"。

"过了这个时间，你到我们医院里，贴着墙根走路的那个人就是我。""等疫情结束我自然会非常安静地走开，在门诊角落里坐在那里。"张文宏医生的"金句"又来了。他没有把专家的名号放在前面，保持了一颗平常心。

其实在这次疫情前张文宏医生就已经取得巨大成绩。作为感染科主任、主治医师、博士生导师，他带领复旦大学附属华山医院感染科从先进走向先进，从胜利走向胜利，使其成为全国首屈一指的医院科室。

早在2013年，张文宏主任治愈的一位禽流感患者出院后，为了表达感激给他送去一块牌匾，上面写着：我只是你们工作中的匆匆过客，而你们是我的人生转折。

这件事也成为少之又少的能让他愿意展露的褒奖。而对于"火了"这件事，他早就说过："我才不是网红，我是个医生。""病人永远是第一位的，"张文宏说，"对我个人你不要采访，我觉得没什么意思。我就一个乡下人跑到上海，读完书留下来工作而已。你讲到感染科我给你多讲一点。"

此前，张文宏关于早餐应多喝牛奶少吃粥的观点一度引起争议，但"吃粥"争议没打倒他。无私无畏，不考虑个人得失，他用一颗平常心去对待一切。经历挫折，甚至经历欺负，但坚忍执着让他显示出无法掩盖的光芒。

诚如钱锺书先生所说："洗一个澡，看一朵花，吃一顿饭，假使你觉得快活，并非全因为澡洗得干净，花开得好，或者菜合你口味，主要因为你心上没有挂碍。"可见，心安了，生活才能愉悦起来。所以，保持一颗平常心，静享春风花草香的人间四月天。

同时，平常心不代表他没有责任与担当。他不是为了追求走红而博取眼球，也没有为了爱惜专家"羽毛"而不敢说话。他真是切切实实地站在一个医者的角度，去关心、去爱护、去引导人们。他逆向而行，无怨无悔，让我们看到了一个有血有肉、富有情怀的"大写的人"。他就是我们这个时代需要的人，"他"就是我们中国的脊梁所在。

点睛锐评

鲁迅先生曾经说过：中华民族自古以来就有埋头苦干的人，就有拼命硬干的人，就有舍身求法的人，就有为民请命的人……他们是中国的脊梁。张文宏医生敢说真话是起步，落实下来是敢担当，在这个过程中他幽默的话语体现了内心的从容与自信，最后平常心是他精神境界的最高体现。他没有把自己看得很重，我们也就清楚，他为什么敢说真话，为什么勇于担当了。

古人云："艰难困苦，玉汝于成。"现在的我们，如何在纷繁的社会中保持心灵的清静，如何把自己的一生和这个民族国家联系起来，如何在平凡中遇见不一样的自己，在张文宏身上我们应该有了自己对生活和对未来的思考。

用渐冻的生命，燃起希望之光

山东省济南第十一中学　丁姝婷

新闻事件

　　2020年1月13日，距离武汉封闭出城通道还有10天时间，金银潭医院已经宣布进入战时状态。院长张定宇说："我们已经处于风暴之眼，这个时候我们决不能退缩！我们要做的、能做的，就是救治病人，保护我们的人民，保护我们的城市！"他在驰援部队到来之前，带领600多名医护人员没有节假日不分白天黑夜扛了29天。在疫情中"逆行"的29天里，张定宇往往凌晨2时刚躺下，4时就得爬起来，接无数电话，处理各种突发事件。张定宇需穿连体防护服进病房，而自己身患渐冻症完成不了穿连体裤的动作，每次都需要同事帮忙。

　　张定宇日夜扑在一线抗击疫情，结果自己的后方也染了病。同为医务人员的妻子，在十几公里外的一家医院接受隔离治疗。作为院长的丈夫曾红着眼圈担心她扛不过去，他不知道自己至亲的病情会发展到什么程度，也从来没有想过，自己会

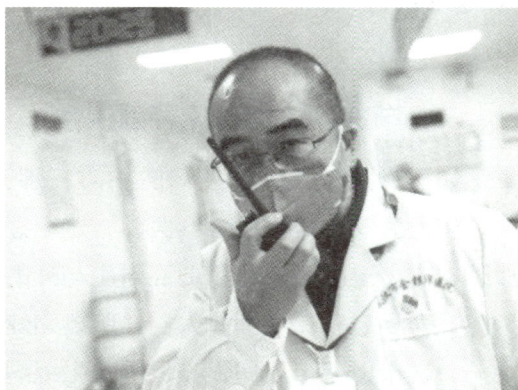

在这个时候体会到可能失去爱人的恐惧。张定宇说，自己也许是个好医生，但不是个好丈夫。他仅陪妻子半小时，就要扑向更多的患者，一直觉得对妻子有愧疚，心里很难受，觉得自己没尽责，在她最艰难的时候没有照顾她。

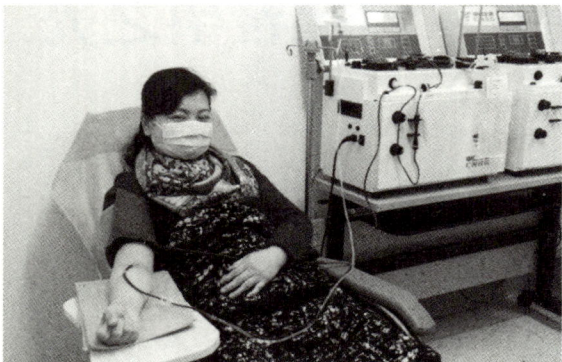

张定宇在金银潭医院尝试血浆综合抗体疗法来对付新冠病毒，并向社会呼吁康复者捐献血浆。康复者血浆中一定滴度的病毒特异性抗体可以降低患者体内病毒含量，从而达到治疗预期。他还动员妻子程琳康复后捐献血浆。程琳在感染新冠肺炎治愈20天后，来到她丈夫所在的医院，捐献400毫升血浆，希望帮助临床医生抢救其他患者生命。

夫妻携手抗"疫"，诠释人间大爱。5月15日，全国妇联举办"最美我的家，抗疫'家'力量"全国抗疫最美家庭云发布活动，揭晓660户全国抗疫最美家庭。张定宇院长的家庭入选。

（摘编自《湖北日报》2020年1月29日、5月16日相关报道）

何以成长

一、渐冻的生命，诠释爱国情

如果说武汉是这场疫情的中心，那么中心的中心，就是金银潭医院。作为武汉市传染病专科医院，这里是最早打响这场全民抗"疫"之战的地方。这次疫情，需要面对生与死的严峻考验，而张定宇选择直面绝症、舍身忘我。"渐冻人"（肌萎缩侧索硬化症）的发病率在十万分之一，属于世界罕见病，被世界卫生组织列为世界五大疑难杂症之一。

早期病程进展通常都不明显，很容易被忽视，而出现明显的临床症状时，可能有80%的运动神经元已经损伤。大部分患者会在症状首次出现的3-5年内由于呼吸衰竭而死亡。

张定宇隐瞒自己身患渐冻症的事实，夜以继日投入抗击疫情工作，他阻挡不了自己的病情，却用尽全力去把危重患者从死亡边缘拉回来。他的生命进入倒计时，只能拼了命去争分夺秒，用渐冻的生命践行爱国，与时间赛跑，与生命赛跑，力争抢救更多病人，与所有白衣战士们一起，为患者、为社会燃起生命的希望之光。此时此刻，这是爱国主义的最生动诠释。

二、生命价值在磨难中凸显

张定宇在每天从外院转来的病人和各种信息分析中，意识到武汉并没有表面看起来平静。那天，他宣布，全院职工取消任何休假，全部到岗。他吃力地弯下患有渐冻症的身躯，深深鞠了一躬："拜托大家了！"他拖着病躯坚守战"疫"一线的故事已为人熟知，但他并不是靠一时之勇做到这些。作为院长，张定宇常对一线临床的医生讲，搞临床的要具备两种能力，一要基本功扎实，二要思维敏锐。这次，张定宇用自己的一系列决策，给全院职工演示了这两种能力，且彰显了他的敬业精神。

张定宇到金银潭医院的6年，带着这支队伍，一点一点地积累着，时刻准备着，在准备中成长得越来越强壮。张定宇说："我们搞传染病的，跟打仗的一样，可以无仗可打，但一定得有打赢的准备和本领，关键时刻能冲得上去。"南六楼ICU护士长程芳接受记者采访时眼里含着泪："我们为什么要心疼他，他自己都不把自己的病当回事！我们能做的，就是像他一样，拼了命顶住！"

张定宇，已升任湖北省卫健委副主任、党组成员。升职公示发布后，他表示："我不惊讶，唯有忐忑。因为没做过，怕做不好，很担心，这对我来说是一个很大的挑战。但还有工作能做，就是一种幸福。"愿这位敬业的抗疫英雄能在工作和烟火味道中，继续幸福下去！

三、舍小家为大家，践行初心与使命

在这场没有硝烟的"战疫"中，张定宇就是抗击疫情的"先行者"，更是最美的大"疫"灭亲的"逆行者"。他"舍小家、为大家""不计报酬、不畏生死""夜以继日、默默坚守"的奉献精神，深深地感动着我们。他是孩子的爸爸、妻子的丈夫，又是一名医生，一名院长，多重"身份"集于一身。"舍小家、为大家"，正是用自己的舍弃，换来更多家庭的团聚，用医者仁心和铿锵誓言，回应着祖国和人民的厚望。"舍小家、为大家"，源于对国家、民族和人民的大忠大义大爱，是家国情怀催发的如山使命。

在疫情与亲情面前，在道德两难时刻，张定宇做出了自己的价值判断与价值选择，自觉地站在最广大劳动人民群众的立场上。岁月静好，需要有人负重前行！张定宇为了人民群众生命安全和健康，为了一方平安，用行动书写忠诚，用坚守诠释大爱，他就是我们的负重之人。

点睛锐评

疾风知劲草，烈火炼真金。突如其来的疫情，检验的是专业水准。在防控一线，张定宇和他的团队以专业、硬核的工作能力交出了优秀的答卷。专业的人，往往以为投入专业即可，而在为人处世方面成为"老实人"。曾几何时，好人被欺负的事情屡见不鲜，这种风气对专业人员是一种伤害，对社会风气是一种败坏。"人不能欺负听话的老实人。"这是复旦大学附属华山医院感染科主任张文宏的名言，这句话不知戳中了多少人的心。张定宇升任湖北省卫健委副主任、党组成员，让很多人为之欣慰。在大力弘扬社会主义核心价值观的今天，创造公平公正的社会环境是我们义不容辞的责任。让英雄有用武之地，让专业人专心做专业，愿好人一生平安！

这次换我守护你

济南高新区科航路学校　李丙文

新闻事件

　　每天清晨7点，在武汉大学人民医院东院区，年轻护士佘沙一天的工作开始了，她跑上跑下，给各个病区核对分发药品和设备，工作仔细而迅速。1996年出生的她，是四川省第三批援鄂医疗队里最年轻的一位护士，她同时还有一个特殊的身份——汶川女孩。2008年"5·12"汶川大地震时，她的家乡汶川县漩口镇受灾严重。

　　佘沙说："我们那儿房子都倒了，一片废墟，然后就看到很多医护人员，还有一些部队的军医穿着白大褂过来，到处给我们消毒，救治伤员。"

　　废墟中那些冒着生命危险拯救生命的白衣战士，让12岁的佘沙感动。从那一刻起，她的心中

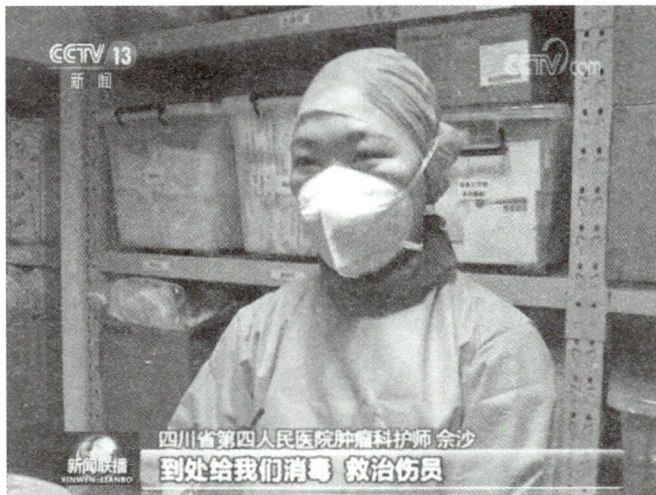

四川省第四人民医院肿瘤科护师 佘沙
到处给我们消毒 救治伤员

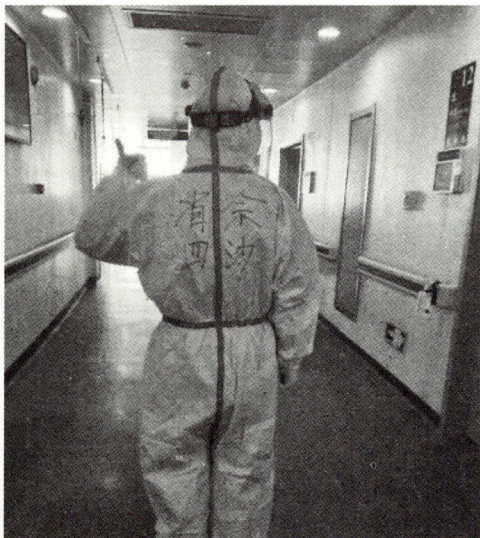

就埋下了从医的种子。从四川省护理职业学院毕业以后，佘沙进入四川省第四人民医院成为一名护士。当新冠肺炎疫情发生后，佘沙一直关注着疫情的发展，收集新闻动态、了解最新治疗信息，随时做好出征准备。四川组建医疗队支援武汉，她第一时间就报了名。

1月24日大年三十，医院征集援助武汉的第一批医护人员时，佘沙就积极报名请战，但由于医院第一批选派的是重症监护室和呼吸科的护士，她没去成。25日，医院开始召集第二批医疗队成员，她又一次主动报名。两次主动请战，佘沙都没有告诉父母，只是在报名之后向哥哥透露了自己的选择，还叮嘱哥哥也不要告诉父母。

在向科室申请报名时，这个小姑娘的话打动了大家："如果需要护士请先通知我，我可以去一线，原因如下——从全院护士来看我年龄小，如果不幸被感染了，恢复肯定会比年长的护士老师快；我没有谈恋爱也没有结婚；身为汶川人，我得到过很多的社会帮助，如果我有机会能够去前线出自己的一点力，我一定义无反顾。"

第一批医疗队佘沙没有被选上，但她没有放弃，坚持报名，直到2月2日终于如愿以偿，跟随着第三批医疗队来到武汉。她说，这个时候她一定要挺身而出，因为她是汶川女孩。"很多人都帮助过我们，然后需要我们去帮助别人的时候，我们肯定也会义无反顾地帮助别人。"

来到武汉后，佘沙和同伴们入驻武汉大学人民医院东院区这所重症定点医院，佘沙负责协助总务和医院进行感染控制的工作，她把自己的工作比喻成守门员，她要为大家把好这道门，守好这一关。

"刚到武汉的时候，我的心是忐忑的，但当我穿上防护服走进病房的那一刻，又什么都不怕了。我的身后有强大的祖国，有全国的同胞在支持我们，我们有无数的战友在身边，我唯一能做的就是严格规范操作，在治病救人的同时，尽最大可能更好地保护自己和战友。"

何以成长

一、让感恩传递

12年前汶川受援，12年后驰援武汉。作为汶川地震的亲历者，佘沙目睹神兵天降，医护人员和军人到处消毒，救治伤员。从此，她就立志，长大后要么当军人，要么成为医生或护士。是废墟中的一声声呐喊，是余震中的永不放弃，是断壁残垣中的"让我再救一个"，像一束光照亮了12岁女孩的稚嫩心灵，埋下了感恩和回报的心。

"只有真正经历过苦难的人才能真正体会到灾难发生时的渴望与期盼。"一个人的经历会对现在的行为有直接影响，正是汶川地震的经历令她感同身受，佘沙奔赴一线抗击疫情的信念才会如此坚决。疫情发生以来，她一直关注着疫情的发展，收集新闻动态、了解最新治疗信息，随时做好出征准备，第一时间报名，前后几次请战。一句"我是汶川人"感动了无数人。逆行，是她条件反射的坚定选择。

"滴水之恩当涌泉相报"的民族品质在疫情期间展现得淋漓尽致。不仅是佘沙，本想回老家过春节的绵竹"90后"网约车女孩王利听到武汉封城的消息，决意留下，为社区应急保障提供志愿服务；汶川幸存者之一的藏族姑娘焦祖慧驰援孝感，她说："武汉需要我，就像汶川地震时我需要他们一样，这不仅是医务工作者的职责与使命，更是一次感恩之行。""汶川感恩您，武汉要雄起！"这一句口号出现在了每一辆由四川出发送往武汉的救援物资卡车上，100吨新鲜蔬菜，每车两名驾驶员，20多小时长途跋涉，不眠不休，只为回报12年前武汉对汶川的帮助。1463人74个奋斗日夜，四川第一时间请缨，驰援武汉。

如果地震给予汶川的更多的是不可磨灭的伤痛，那疫情给予武汉的更多的是直击内心的温情。因为，医护、警察、快递员、快餐店主、农民、出租车司机……我们始终在一起。

有一种感恩叫日夜兼程，有一个坚强面对生死的理由叫我是汶川人，有一场善意与回报的接力叫跨越12年。

二、做平民英雄

穿上防护服，她就是白衣战士；脱下防护服，她只是普通人。"孩子，妈妈要去打怪兽了""我把他们借给你，他们能顶起我这个家，也能顶起你们患者的一片天""等你回来，我包一年家务"……这些话语还萦绕耳畔，这里的她可能是孩子的妈妈，可能是父母的女儿，也可以是外卖员，可以是老板，可以是环卫工人，可以是你，可以是我，可以是我们身边的每个人。

"灿烂星空，谁是真的英雄，平凡的人们给我最多感动。"一个个红手印，一句"不计报酬，无论生死"让我们看到医者仁心；一个耄耋之年的连夜逆行，让我们坚信中华有大医；一个个贫困县、贫困户的几十上百吨蔬菜让我们感慨"一方有难，八方支援"……面对疫情，无论是羸弱老人还是稚嫩孩童，都在竭尽全力。300多个农民手拔3天运送十万斤大葱，小女孩的小黄鸭零钱罐，从土耳其人肉背回的500只口罩，执勤人员面前的几箱牛奶……他们朴实、善良，有钱的捐钱，兑换物资，没钱的出力，捐菜。这些物资在几十亿的物资捐赠里或许毫不起眼，但却是广大人民能想到、能做到的最真实的给予。就像佘沙说的那样："我的身后有强大的祖国，有全国的同胞在支持我们，我们有无数的战友在身边。"相比于神兵天降，他们就是我们身边划破黑夜的光亮。

此次疫情就是最好的证明，"大国奇迹"的背后，是每一棵菜堆起来的，是每一滴汗灌出来的，是无数"小家"奋斗出来的，更是无数平凡人顶起来的。任何一个平凡的人，都能在任何时刻以任何方式创造属于自己的价值，贡献自己的一份力量。

三、亮丽的"'90后'绿丝带"

佘沙作为年纪最小的志愿者，让我们看到了90后群体的巨大新生力量。曾经，"90后"被称为"垮掉的一代"，被人们批评是不学无术，嚣张跋扈，娇生惯养……而今他们撑起了疫情下的半个中国。在关键时刻，能毅然决然站出来，义无反顾扛起重担。战"疫"场上，年轻的身影随处可见。火神山、雷神山两座医院的3万多名建设者中，60%是团员青年；开公交往返，守护医护人员的司机陈强；主动接送医护人员的快递小哥汪勇；赶回家和父亲并肩作战的北大学子黄羽佳；刚踏上回乡列车，听到号召立刻返回武汉的吴小艳；辗转300多公里，花4天3晚骑车、搭车，拼命也要回到一线的甘如意；穿上防护服，学着大人样子从死神手里抢人的他们，是"90后"啊。"90后"凭借他们的知识和能力，或熟练地进行网上资源调配，或奔波在抗疫一线。包括佘沙在内，此次疫情，全国有5.2万余支青年突击队，111.8万青年志愿者，各行各业的年轻人冲在抗疫的最前线，他们抗疫情，搞建设，保运输，促生产，严防控，是全民战疫中一道亮丽的"绿丝带"风景线，他们担起时代的重任，在不同的岗位发光发热。

2003年的"非典"，他们是懵懂的见证者；2020年的这场疫情防控阻击战，他们是深度的参与者。接过了时代的接力棒，薪火相传，完成了最关键的比赛。

每一代人都有属于他们时代的底色，这次"90后"扛起了责任的大旗，带着社会的期盼，出色地完成了此次抗疫任务，彰显了"90后"青年的担当！也让我们看到新生力量的态度与能力，他们堪当大任！他们正逐渐成为民族的未来！国家的脊梁！

点睛锐评

这次，换我守护你。佘沙从受助者变成支援者，而武汉此时的受助者也将变成援助者去帮助别人，循环往复，感恩和善意仿佛地球的两极，相互吸引，相互扶持，爱与援助比病毒传播更快。在这次磨难面前，总有坚毅面对病毒的人坚守在一线；总有心怀感恩与善意的人在贡献自己的光亮；总有一代又一代人前赴后继，不断担起国之大任。在这里，感恩不再只是一句动人的言语，而是让人热泪盈眶的具体行动！

抗疫战线上的"隐形战士"

济南市天桥区泺新小学　李晶玉

新闻事件

"3月份没这么紧张了，一般凌晨一两点可以睡觉。"任丽丽说。在这之前的两个月里，她和团队成员熬过20多个通宵。

任丽丽是中国医学科学院病原生物学研究所的研究员，主攻病毒测序、试剂开发、血清研究。她所在的研究所，在多次抗击疫情中都发挥着核心科技支撑力量。

接到从武汉小心翼翼运来的病毒样本，任丽丽所在团队立下军令状：50个小时内，搞清样本里到底有什么疑似病原！

就像战士听到冲锋号。提取核酸、"打"成片段、加上接头、基因测序，一支8人组成的精干队伍，两天两夜没有合眼，与兄弟单位"背靠背"按时拿出结果。

为确保数据万无一失，任丽丽采取了最稳妥的操作分析策略。对于技术，她很有把握，唯一的忧虑，就是体力消耗大。她自诩身体"能扛"，但看到同事三四天连轴转，腰疼得只能蹲着休息片刻时，心里不禁发酸。

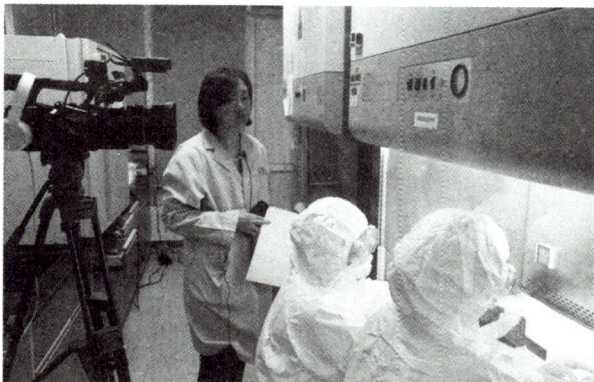

"不拼不行。我们要及时拿出科学数据，支撑一线检测和防控。"任丽丽说。

面对疫情，在坚持科学性、确保有效性的基础上加快研发进度，力争早日取得突破，尽快拿出切实可行的研究结果，这是广大科研工作者的共同心愿。

在国家应急防控药物工程技术研究中心，研究员钟武的实验室里同样不眠不休。他所在的团队，曾在多次流感疫情期间完成抗流感药物的快速研发和国家药品战略储备任务。

通过虚拟筛选，从5万多个化合物中遴选出5000个左右潜在药物，再逐一进行体外病毒活性验证——1月初以来，钟武团队与合作的中国科学院武汉病毒研究所胡志红团队已在P3实验室完成200多个药物的活毒评价，并推荐了20余个潜在具有临床价值的品种。

（摘编自"共产党员网"相关报道）

抗疫战线上的"隐形战士"

何以成长

这是一个逆风而上、离新型冠状病毒最近的团队。他们天天与病毒近距离接触，是真正的防疫一线的"隐形战士"。50小时军令状的背后，让我们看到的是科研的力量，是团队的担当，是最美的榜样。他们身上散发的光芒，就是国家的力量。他们的样子，就是中国的样子。

一、如此科研，够硬核

疫情发生以来，在临床救治和药物、疫苗研发、检测技术和产品、病毒病原学和流行病学、动物模型构建等五大主攻方向，我国科技界短时间内取得积极进展，为打赢疫情防控这场硬仗提供了有力科技支撑。截至2020年5月11日，世界卫生组织的官网上已经备案了110个正在研发的新冠肺炎疫苗，其中已经进入临床试验的共有8个。其中4个来自中国研发团队，3个来自美国，1个来自英国。在坚持科学性、确保有效性的基础上加快研发进度，我国科研攻关一直没有停步。

每当面对重大新发突发传染病，任丽丽所在的医科院病原所都会义不容辞地承担起探寻病原的应急科研支撑任务。这让我不禁思索，几个月来，究竟是什么在支撑着这些最美"隐形战士"片刻都不停歇？现在，我明白了，这是科学的力量，更是中国的力量。科学知识是人类抗灾防疫、延续生命的伟大力量，此次疫情为我们敲响了警钟：人类要想有足够的智慧和力量去应对自身生存发展过程中遇到的千难万险，必须要学习和掌握自然科学知识、生命科学知识、社会生活的科学知识，用科学的力量防疫救灾、保护生命、延续血脉。

不仅如此，在这场战"疫"中，自动化及人工智能等技术同样发挥着重要作用。开展大数据分析，监测疫情，精准施策；5G远程会诊，减少医患直接接触；巡逻机器人、消毒机器人、送餐机器人等自动化新技术也成为抗击疫情的重要"武器"。一张张"电子健康码"迅速在全国各地的复工人员中流行起来，市民只需填报一次个人健康状况即可获得"健康码"，并凭借"健康码"顺利进出社区、办公场所、交通卡口、机场、火车站等多个公共场所。

科技满足需求，科学改变生活。疫情突发，人们的日常生活受到了限制，但是超市内的自助结款机、社区防疫智慧平台、村内的无人机巡逻、远程视频会议和直播授课……这些带有"线上"或"无人化"特征的硬核科技新品、新技术、新方向，在疫情防治期间受到了人们的青睐，成为人们需求释放的"新增长点"。可以说，科技创新，是让原有技术和场景能在新渠道和新途径畅通转化的关键。

二、中国力量，有担当

在《致加西亚的信》一书中，美国的安德鲁·罗文上校因为出色的执行力，完成了一个看似不可能完成的任务，而被中国新时代青少年所追捧。"罗文精神"更是成了敬业、担当、勇敢、成功的象征。只有具备了坚强的意志、坚定的信念、勇敢的责任担当，才能成为一个把信送给"加西亚"的人。疫情当下，奋战在一线的一名名科研工作者，同样是在完成一个个看似不可能完成的医务任务，这已然成了一种"中国担当"。如今，"中国担当""中国经验"正在被各个国家争相"照抄作业"，更为各国带去了温暖和力量。

几乎是在世卫组织宣布新冠疫情"大流行"的同一时间，中国首班抗疫援外专家组包机驰援欧洲疫情最危急的意大利。专机不但搭载了9名中国医疗专家，还满载医疗物资。而在此前，中国已向伊朗、伊拉克派出专家小组，并向世卫组织捐款2000万美元，一些地方政府与民间机构捐赠的口罩、防护服等防疫医疗物资也在源源不断送往世界各地。一次次挽救生命的协同作战，一幕幕研究疫苗的联合攻关，一场场无私分享的视频会议，让民众看到一个唇齿相依的世界，也看到一个负责担当的中国。我们提出打造"人类卫生健康共同体"，是因为我们对各国人民的困难感同身受，是因为我们坚信科技是战胜病毒最有力的武器，是因为我们深信"国际合作是全球抗疫的唯一出路"。据不完全统计，中国专家在英文学术期刊上发表论文1100多篇，这些以巨大牺牲和代价换来的宝贵经验，被毫无保留地分享给全球180多个国家、10多个国际和地区组织，给全球抗疫带来了希望。

"知责任者，大丈夫之始也；行责任者，大丈夫之终也。"桥的价值在于能承载，人的价值在于能担当。一个时代有一个时代的使命在肩，一代人有一代人的责任担当，历史的接力棒已经传到我们手中，无论我们身处何方，都理应担起一份责任，去完成时代赋予的使命。

三、在其位，谋其职

在党中央统一领导下，全国共下一盘棋，各方力量汇聚，抗击疫情的速度、政策出台的力度、民生呵护的温度，中国战"疫"之路背后，上演了一场场"中国速度"，散发的是对本职岗位的敬业之光。84岁高龄的钟南山院士毅然前往武汉，奋斗在疫情第一线；当任丽丽团队立下50小时的军令状，多少个研究员夜以继日地奋斗在实验室。看着他们工作的身影，我想，这就是工作者们不顾自己安危推己及人的光芒。

党的十八大把敬业作为社会主义核心价值观公民个人层面的基本要求，就是要求公民忠于职守，克己奉公，服务人民，服务社会，小到个人职业，大到社会主义事业，都能专心致志，尽心尽力，方可成就大业。荀子说："凡百事之成也，必在敬之；其败也，必在慢之。"就是这个意思。

我们每个人都是守在自己工作岗位上的工作者。如果坚守看得见，或许真的就像一颗启明星，引领着我们度过无边的黑暗；如果热情看得见，或许就像一团火焰，照亮前方绵延无际的山岭；如果无畏看得见，或许就像一片大海，容纳万物滋养众生。敬业精神是新一代中华儿女所拥有的宝藏，唯有它的光辉能像大鹏，扶摇直上九万里。

点睛锐评

鲁迅说："有一分热，发一分光，就令萤火一般，也可以在黑暗里发一点光，不必等候炬火。"这世上可能确实没有超级英雄，只不过是无数的"隐形战士"都在发一分光，然后萤火汇成星河。"隐形战士"并非真的不为人知，他们的精神是掩藏不住的，必将时时在人们心中熠熠生辉！

平凡之花也要绽放在理性土壤

山东省济南实验初级中学　韩　晗

新闻事件

　　2020年2月7日凌晨，李文亮医生供职的武汉中心医院官方微博发布消息："我院眼科医生李文亮，在抗击新型冠状病毒感染的肺炎疫情工作中不幸感染，经全力抢救无效，于2020年2月7日凌晨2点58分去世，对此我们深表痛惜和哀悼。"

　　李文亮医生的去世引起全国网民的极大关注，消息一经发布，便被各大媒体、网络平台和网友们转发，武汉市中心医院的微博转发记录为33万余次，网友留言近40万条。有人在"朋友圈"里向李文亮医生致敬，有的撰文称他为"疫情的吹哨人"，有的贴出李文亮医生遭受训诫后的签字照片，哀叹李医生遭遇不公，有的发文呼吁有关部门介入调查。为什么李文亮医生的去世会引起群众的强烈反响？让我们回头去看看李文亮医生事件的新闻线索。

　　2019年12月30日，李文亮医生在同学微信群中发布了一条关于华南海鲜市场疫情的消息。他发出防护预警，提到"华南水果海鲜市场确诊了7例SARS""最新消息是冠状病毒感染确定了，正在进行病毒分型"。同时，他也发布了提醒群成员"大家不要外传，让家人亲人注意防范"等文字信息。2020年1月3日，武汉市公安局武昌分局中南路派出所与李文亮医生联系后，李文亮医生在同事陪同下来到该派出所。经谈话核实后，谈话人员现场制作笔录并对李文亮医生出具了训诫书。2020年3月19日国家监察委员会界定中南路派出所出具的训诫书不当，执法程序不规范，建议湖北省武汉市监察机关对此事进行监督纠正，督促公安机关撤销训诫书。

（摘编自"中央纪委国家监委网"相关报道）

一、把平凡的事业做得不平凡

一个人，在受到不公时，难免会怅然若失，或是一蹶不振。但是我们的李文亮医生在受到训诫后，不仅没有意志消沉、背上思想包袱，反而仍然坚守岗位，甚至在感染住院期间还在微博上说"病好后想赶快回到一线工作，继续为患者看病"，表现出其爱岗敬业、医者仁心的优良品质。

其实，李医生转发、发布相关消息，主观上是想提醒同学和同事注意防范，而且所发的信息被转发后引发社会大量关注，客观上对各方面重视疫情、加强防控起到了推动作用，这是一名普通的医护工作者发扬职业精神的典范。

疫情发生以来，有无数像李医生这样的医护工作者不畏生死、日夜奋战，为保护人民健康做出了巨大贡献，他们是新时代最可爱的人。网友们对于李医生去世的强烈反应正是对英雄离世的缅怀和致敬。李医生去世一个月后，被国家卫健委等部门评为全国卫生健康系统新冠肺炎疫情防控工作先进个人，被湖北省人民政府评定为烈士。我想这正是对李文亮医生个人及其本职工作的肯定和表彰。

"伟大出自平凡，英雄来自人民。"一个国家的非凡成就，总是由点点滴滴的平凡构成。那些感动中国的人物，从来都是默默无闻地做好本职工作，把平凡的事业做得不平凡的人。而战"疫"一线，正是由像李文亮医生这样无数平凡的人挺身而出，在各自岗位上拼尽全力，形成抗击疫情的不凡力量，才能换来今天抗击新冠肺炎疫情的阶段性胜利。

二、"实事求是"拷问事件的真相

实事求是，是共产党人的重要思想方法，是保证党和国家事业健康发展的关键。为何李文亮医生的去世受到诸多关注？新闻热点的背后隐藏了什么？理不辩不明，面对如此激昂的社会舆情和强烈诉求，中央批准国家监察委员会派出调查组正是一种务实地回应人民知情权的正确态度，也是我党坚持实事求是基本思想路线的体现。

调查组赴湖北武汉后，就李文亮医生谈话、训诫、患病救治、善后抚恤等情况，分别与武汉市委、市政府和宣传、卫健、公安、网信等部门有关人员面对面谈话、电话访谈，赴医院与负责救治的一线医务人员深入了解细节，调取病历档案，还调取工作材料240余份，查清基本事实，确保调查结果经得起实践和历史的检验，让群众深入了解整个事件的过程，从舆论上对网民们进行了引导，也堵住了境外非法媒体造谣的嘴巴。同时，由于训诫书不当，执法程序不规范，调查组还建议湖北省武汉市监察机关对此事进行监督纠正。人们评论说应该还他一个公道，这个公道不仅仅是撤销那份训诫，更在于我们对疫情防控要回归并坚持"实事求是"这四个字！这一定是李文亮医生念念不忘的，也是他在用生命追问的。

三、追求依法治国保障公平和正义

公平和正义，是雕刻在我们内心深处的价值坐标。它是人们矢志不渝的崇高追求，是五千多年中华文明积淀传承的精神基因，是今天中国共产党人治国理政的一贯主张。作为社会主义核心价值观的重要组成部分，公平正义是人民群众获得安全感和幸福感的重要保障。对于我们个人来说，除了用自己的力量勇于守护公平和正义以外，还需要社会主义法律制度的保障。有了正义的制度，即使处在社会最底层的人，也可以得到基本的生活保障；即便是处于社会最不利地位的群体，也能够得到社会的关爱，而不会成为被遗忘的角落。

法治是社会文明进步的重要标志，全民守法是法治的重要内容。"规章都只不过是穹窿顶上的拱梁，而唯有慢慢诞生的风尚才最后构成那个穹窿顶上的不可动摇的拱心石。"习近平总书记曾引用过卢梭的这句话来表明全民树立法治意识的重要性。社会对李文亮被训诫案的关注，表明了人民群众对披露事实、坚守正义、法律面前人人平等的强烈共识和对司法公正的热切期望。这一次，网友们除了表达对李医生的哀思，更是积极向监察部门反映问题，表达诉求，许多人也对境外媒体的不良用心进行了抨击，我们明显地感受到在网络时代，民众已经成熟了许多，觉悟也提高了很多，法治意识也在不断增强。相信这一次党中央对群众反映问题的调查结果能更加激发民众对法律产生强烈信念和信服心理，只要人人遵法守法，法治风尚就会在全社会形成，我们的民族就会走向更文明有序的阶段。

点睛锐评

崇尚法治，就是以事实为依据，以法律为准绳，尊重司法权威。生活在这样一个信息发达、传播手段多样的时代，人们表达观点和意见的渠道更为畅通和丰富，舆论更需要理性和负责任的表达。面对涉法事件，我们在表达观点时，同样需要尊重客观事实，尊重法律权威，一味地发泄不满、妄言司法不公是不可取的。"国无常强，无常弱。奉法者强则国强，奉法者弱则国弱。"法治的真谛，在于全体人民的真诚信仰和重视践行。人民的法治信仰和法治观念，是依法治国的内在动力，更是法治精神的支撑。全面依法治国，让正义以看得见的方式来实现，才能真正实现"让人民群众在每一个司法案件中感受到公平正义"的目标，才能逐步培育起民众的法治精神。

"舞"动希望

山东师范大学齐鲁实验学校　韩菲菲

新闻事件

　　"广场舞"是居民自发地以健身为目的在广场、院坝等开敞空间上进行的富有韵律的舞蹈，通常伴有高分贝、节奏感强的音乐伴奏。但最近几天，有几段广场舞视频在网络上备受关注，因为跳舞的时间、跳舞的地方和跳舞的人都太特殊了。视频中，住在武汉方舱医院的患者和部分医护人员一起，伴随着音乐，共同跳起广场舞。音乐欢快，舞姿轻盈，跳出了好心情，跳出了精气神儿，更是跳出了大家抗击疫情时积极乐观的心态。网友们看后，纷纷点赞。病人们随着《火红的萨日朗》跳

CCTV 13 新闻
战疫情·一线直击
积极乐观面对疫情 方舱医院里跳起广场舞

坝坝舞的视频还被传到了海外，最高一条的播放量高达21万。

　　据方舱医院广场舞的"总导演"、来自皖南医学院弋矶山医院医疗队的队员颜浩介绍：方舱医院主要接收的是确诊的轻症患者，且是没有严重的心肺、脑肾等相关基础疾病，同时年龄在18至65周岁，有足够的生活自理能力，这样的收治标准让一定强度的运动锻炼成为可能。在实际情况中，医务人员也会时刻监测患者的身体情况，保证运动在身体的承受范围内进行。如果患者的氧饱和度低于96，或在运动过程中出现明显的胸闷气短症状，医生会要求患者立刻停止，以休息为主。目前方舱医院还处于一个逐渐完善的状态，考虑到避免影响其他患者休息，将会集中时间安排小范围定时娱乐活动。颜浩表示，带领病人们活动的主要目的是调节心理，而不在于追求运动量。

　　　　　　　　　　　（摘编自"央视网"2020年2月11日相关报道）

何以成长 ....

一、为自己舞动希望

　　我们总说生活不可能总是康庄大道、杏花春雨，总会有丛林荆棘洪水猛兽，但当你真正面对生活中的磨难时，复杂多样的情绪会影响我们的观念和行为。由于情绪活动总是伴随生理变化，调节和控制情绪状态对身心健康影响很大。研究表明：情绪对人体的机能状态有明显的影响，如心率、血压、呼吸、节律、胃肠蠕动等。积极的情绪能提高大脑皮层的张力，通过神经生理机制，保持机体内外环境的平衡和协调，负面情绪则会严重干扰心理活动的稳定、体液分泌紊乱、免疫功能下降。

　　在这场肺炎疫情的集中治疗期间，身在方舱医院的患者们在完全陌生的环境里深受疾病困扰，他们远离家人，无亲人相伴，内心备受煎熬。再加上整天面对成千上万的病患和看不清面目的医护人员，极易产生恐惧和不安等负面情绪。面对疫情，适度的负面情绪可以帮助我们适应突发事件，但持续地处于负面情绪状态，则可能危害我们的身心健康。据《太阳报》3月25日报道：英国一名19岁的少女艾米丽·欧文非常害怕新冠病毒，也担心隔离对心理造成过大的负担，无法承受的她选择了自杀，被送往医院，抢救无效死亡。这样因疫情产生的负面情绪导致的自杀事件还有很多。面对隔离治疗产生的焦虑、恐惧等不良情绪，方舱医院的患者们用一段段欢快的广场舞及时调整自己的情绪，舞出积极的心态，更舞出了生活的希望。

在心理学上，舞蹈是一种可以调节心情与身体的治疗法，名为"舞动治疗法"。它是一种运用舞蹈活动过程促进个体情绪、身体、认知和社会整合的心理疗法。简而言之，舞动治疗就是借助舞蹈或即性动作等身体的活动，帮助人们放松缓解，从而达到心理健康的状态。它已经被临床证明能有效地减缓压力、恐惧及焦虑，也能减轻情感孤独、身体紧张、慢性疼痛及抑郁症。罗曼·罗兰曾说："世界上只有一种英雄主义，那就是认清生活的真相后，还依然热爱生活。"学会合理地调节情绪，有助于我们更好地适应环境。生活中，我们还可以通过调整自己的心态往好处想等改变认知的方法调节情绪，或者借助看电影、阅读等转移自己的注意，也可以进行深呼吸等放松训练合理地进行情绪的调节。

二、向他人传递信心

面对来势汹汹的肺炎疫情，看着新闻中每天攀升的数字，身为普通人的我们也会因封闭的环境以及对病毒的不了解而产生焦虑、恐惧等负面情绪。当神经因疫情的风吹草动而心力交瘁，当人心在信息的洪流中摇摆不定，那些处于风暴中心的武汉人民，那些正在真正受到折磨的感染患者，用一张张向阳而生的笑脸，给看似不可一世的病毒强有力的一击。看到方舱医院的患者们在跳广场舞，看到祖国上下一心、共同战疫，我们也会深受鼓舞。踏实振奋、自豪激动、坚强勇敢、自信乐观的正面情绪油然而生，让我们对战胜疫情充满必胜的信心和决心。

人与人之间的情绪会相互感染。在情绪感染的模仿—回馈机制研究中，学者们通过长期观察发现人们倾向于模仿周围人的情绪表达。研究表明：即使没有语言的交流，一个人的表情、声调、姿态和动作所表达的情绪，也会影响周围的人。因此我们更应该学会用恰当的方式表达自己的

舞动希望

情绪，用自己的热情和行动来影响环境，向他人传递美好正能量。

"明者因时而变，知者随事而制。"疫情带来的情绪，是人类面对突发灾难时的正常反应。但有智慧的人会根据不同时期以及事物发展方向来调整和控制自己的情绪，促进自己的身体健康；更会乐他人之乐，忧他人之忧，帮助他人改善情绪。在这样一段特别的时期，愿我们每个人都能够在这场战疫中培养起坚定强大的内心，获得积极对待生命、传递美好的能力，共克时艰，走向春暖花开。

点睛锐评

疫情面前，方舱医院的患者们用舞蹈调节自己的情绪，向他人传递战胜疾病的信心，就无形中增加了一种英雄主义和乐观主义的色彩。拿破仑曾说过："能控制好自己情绪的人，比能拿下一座城池的将军更伟大！"在这场没有硝烟的战"疫"中，很多人都受到了恐惧、焦虑等不良情绪的影响，但每天都在上演的抗疫故事也会让人备受鼓舞，重新拥有乐观的心态。人生路漫漫，有喜也有悲，我们每个人都要学会管理和调节自己的情绪，成为情绪的主人。

白衣做战袍，火线淬初心

济南市鲁矿第一小学　赵文娟

　　经前线战"疫"，在"火线"入党。新冠肺炎疫情发生以来，在湖北抗疫一线，一个个疲惫但坚毅的身影，经历着生死考验和意志洗礼。在严格把关之下，他们"火线"入党，为抗疫一线党组织带来新的战斗力量。

把入党申请书写在抗疫最前线

　　"看到来自全国各地的优秀共产党员，他们总是用最快的速度冲在前方，用最实际的行动来践行自己的诺言，我深受感动与鼓舞！"海南支援湖北医疗队队员、海南医学院第二附属医院急诊科护师龚得志进入武汉协和医院西院重症监护室的前夜，写下了入党申请书。

　　龚得志感慨，自己发现在最危

急的关头总能听到一句话：共产党员跟我上……

党员冲锋在前，将更多的白衣战士召唤到高高飘扬的党旗下。

武汉金银潭医院院长张定宇身患绝症、冲锋在前的英雄壮举，感动了无数人。在他身上，书写着一名共产党人一心为民的无限赤诚。金银潭医院是这次疫情阻击战斗最先打响的地方，在张定宇的感召下，医院临床一线已有43名医务人员递交了入党申请书。

特殊时期，特殊使命，一份入党申请书，是敢打硬仗的责任担当，是向党组织积极靠拢的决心，更是向党和人民许下的承诺。四川援助湖北医疗队共成立63个临时党组织，已有400余名奋战在湖北的四川医疗队队员向临时党组织递交了入党申请书；天津市共派出支援湖北医疗队13支，成立临时党组织45个，279名队员在一线递交了入党申请书……

"来武汉后，我特别羡慕党员们说'我是党员，我先上'。今后再有困难需要的时候，我也可以说'我是党员，我先上'！""90后"护士、中日友好医院援助湖北医疗队队员张博文为自己能够"火线"入党、冲锋在前而倍感自豪。

经"火线"淬炼为党徽添彩

一个支部就是一个堡垒，一个党员就是一面旗帜。

华中科技大学附属同济医院是武汉市收治重症患者、危重症患者最多的医院，是武汉乃至湖北决胜疫情的重要战场。近日，院内"火线"入党的新党员陈茜表示，入党是一份光荣更是一份责任，今后会时刻以党员标准严格要求自己，以实际行动践行党员的初心和使命，充分发挥模范带头作用。

党旗在防控疫情斗争第一线高高飘扬，更多人积极向党组织靠拢，汇

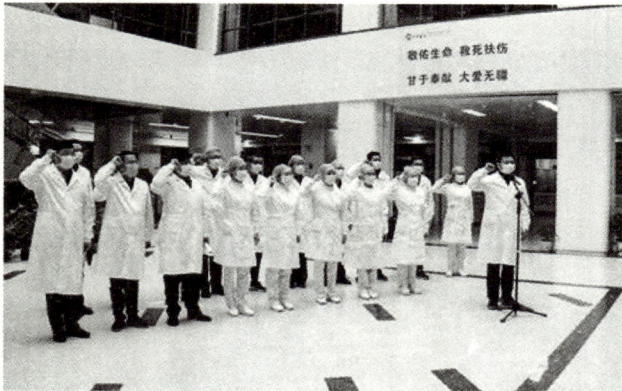

聚起更强大的战"疫"力量。

　　记者从湖北省委组织部获悉，截至3月9日，湖北在疫情防控第一线发展党员1198名，其中医护人员747名、公安民警（辅警）127名、社区（村）工作人员47名、基层干部28名、专门医院建设者54名，其他对象195人。全省抗疫一线人员中，在上一线前或在一线递交入党申请书的人数达12626名。

　　　　　　　　　　（摘编自《新华每日电讯》2020年3月11日相关报道）

何以成长

　　2020，岁在庚子，值新春佳节，万家团圆，他们却毅然出发；病毒肆虐，避之不及，他们却短兵相接；守护百姓生命健康，带头请缨奔赴一线……他们的名字叫共产党员，他们都为了心中的那一份红色信仰——为人民服务。

一、党是抗击疫情的中流砥柱

　　障百川而东之，回狂澜于既倒。疫情蔓延、危难时刻，以习近平同志为核心的党中央坚持把人民群众生命安全和身体健康放在第一位，向全党发出疫情防控"动员令"，团结带领全国人民打响疫情防控的人民战争、总体战、阻击战。

　　而在此之前，84岁的钟南山院士告诫大家"没有特殊情况，不要去武汉"，自己却连夜踏上开往武汉的高铁。由于买的站票，他只能挤在餐车上。他一边吃盒饭，一边研究疫情，最后靠在椅子上就睡着了。从钟老身上，我们看到了一个有着55年党龄的老党员为党分忧、为民解难的先锋风采，看到了一个共产主义战士的党性光辉。

　　钟老只是众多共产党员的一个缩影。在抗疫一线，听到最多、叫得最响的名字是"共产党员"，看到的最美最亮的旗帜就是飘扬的党旗。党中央一声令下，各级党组织书记靠前指挥，一批又一批的共产党员写下"请战书"，勇当"逆行者"，或千里奔赴抗疫一线，或就地归队投身战斗现场，在最需要的时刻冲锋，在最危险的地方坚守。460多万个

白衣做战袍，火线淬初心

基层党组织、9000多万名党员迅速行动起来，驰援武汉、救治患者，投身于科研攻关、疫情防控，全力保障人民健康和安全，成为抗疫中坚力量。

在此期间，复旦大学附属华山医院张文宏主任的那句"最困难的工作、最辛苦的岗位，党员必须先上，这个没商量"，一经传播就赢得网友一片点赞。他不仅抽空组织了一次"攻坚新型冠状病毒引起的肺炎疫情"专题组织生活会，还把前期主动取消休假、连续战斗了十几天的非党员医生换岗调整，由党员医生顶上。

北京协和医院的一位党员医生在请战书上写道："作为'非典'时期火线入党的党员，必须走在大家前面。请领导给我一个参战的机会，请优先考虑我。"是的，在党员看来，"首战用我"便是在践行"随时准备为党和人民牺牲一切"的铮铮誓言。

革命战争时期，"跟我上"代表的是勇气，是担当，是责任；非常时期，"我是党员，我先上"展现出新时代共产党员的政治本色和崇高境界。关键时刻冲得上去、危难关头豁得出来，这是共产党员的本分，也是我们党的优良传统。从新民主主义革命、抗日战争、解放战争、抗美援朝，到1998年抗洪抢险、2003抗击非典、2008抗震救灾，再到现在白衣逆行、千名抗疫战士"火线"入党、上万人递交入党申请书……当先锋、打头阵，广大共产党员总是把生的希望留给别人，把死的危险留给自己，这似乎已成为共产党员的专利，融入共产党人的血液。

二、制度优势汇聚磅礴力量

疫情面前，医务工作者白衣执甲、逆行出征，人民解放军闻令即动、勇挑重担，无数志愿者奔赴湖北、武汉，各条战线、各个领域、各个行业的共产党员"把住红旗不放，站在排头不让"，奔赴最危险的地方，承担最危险的工作，让党旗在"抗疫"一线高高飘扬，也带动和凝聚起入党积极分子和非党员不惧危险奋勇向前，创造出一天6000多名医护人员抵达武汉、一周建成火神山医院、两周建成雷神山医院、一夜武汉方舱投入使用的"中国速度""抗疫奇迹"。

在这场艰苦卓绝的阻击战中，4万多名医护人员自带设备、火速驰援，19个省份对口支援湖北省16个市州及县级市的救治和防控工作；每座城市，每个村庄，每一个人，都坚守着各自责任。冲在第一线是抗疫，"宅"在家里管好自己也是抗疫。14亿人民在党中央的领导下，坚定信心、同舟共济，联防联控、全国一盘棋，铸就起团结一心、众志成城的强大精神防线，凝聚起全力以赴、共克时艰的强大正能量，展示出中国共产党坚强领导的硬核力量，体现出我们能够集中力量办大事的制度优势。法国前总理拉法兰赞叹："在疫情面前，中国政府展现出强大高效的组织和动员能力，令我印象深刻。"

三、释放党组织的感召力

仅湖北省，就有12626人自觉在抗疫一线接受党组织的考验，这与身边党组织战斗堡垒和党员的战斗堡垒作用的发挥密不可分，是他们率先垂范、敢为人先的无畏无私精神，彰显了党组织一如既往的强大凝聚力、战斗力和吸引力。

"我是党员我先上。"武汉17个方舱医院成立40多个患者临时党支部。在与病魔短兵相接的病房，党员医生带头接下最危险的工作；在疫情防控最艰苦、最危险的地方，党员带头冲上急难险重的阵地。在他们的带动下，无数医护人员、公安民警、社区工作人员、基层干部、专门医院建设者，把对亲人的牵挂藏在心底，不畏风雨、坚守一线。他们或下沉值班、把关守卡、登记排查，日夜守护在各个路口；或消毒杀菌、张贴海报、悬挂横幅，冲锋在每个角落；或代购蔬菜，送货上门，保障人们的日常生活需求，给荆楚大地的人民带来了生命的希望和稳稳的安全感。抗疫的战场没有硝烟，却危险重重，据不完全统计，在抗疫一线殉职的同志中，党员占70%以上。没有人生而英勇，但他们因"第一身份"而直面生死，因神圣的职业而义无反顾。江学庆、刘智明、李文亮……他们以实际行动践行初心和使命，甚至用生命诠释党的先进性、纯洁性，凸显党的影响力和号召力。

武汉战"疫"刚刚取得阶段性成果，黑龙江绥芬河"外防输入"阻击战随之打响，吉林舒兰又进入战时状态……多少刚刚离汉离鄂的勇士一路北上紧急驰援，甲衣未解，再跨征鞍。在这场突如其来的疫情阻击

白衣做战袍，火线淬初心

战中，党和政府的有力领导让中国在全球疫情肆虐中能从容自保，无数共产党人的负重前行让我们享受岁月静好。一次伟大的抗疫，再一次证明那个真理：只有中国共产党才能实现好、维护好、发展好最广大人民的根本利益，实现中华民族伟大复兴的"中国梦"。

花依旧会开，阳光依旧会照耀，有人依旧会守护我们……

点睛锐评

当黑云压城、疫情肆虐，有这么一股力量，他们逆流而上，冲在第一线、站在最前沿，一句句誓言，一封封战书，汇聚成"中国为什么能"的"红色力量"。

非凡之"勇" 大爱之行

济南市经五路小学 李 丽 雷 莹

新闻事件

　　35岁的汪勇是武汉一家快递公司的快递小哥，从小生长在武汉，每天忙于送快递、打包、发快递、搬货。工作之余，他偶尔也会开网约车贴补家用。

　　然而，一场突如其来的疫情改变了汪勇普通而平凡的生活轨迹。他瞒着家人走上抗疫一线，牵头建起了医护服务群，从日常的出行、用餐，到修眼镜、买拖鞋，只要医护人员有需要，他都会想方设法搞定。

　　汪勇和他的志愿者团队将温暖聚拢，以非凡之勇守护着这

第一条必须一个人住

个冬日里"逆行"的白衣天使。

镜头一：奋不顾身的生命摆渡

大年三十的晚上，一个志愿者建立的微信群——金银潭区域医护人员需求群里有这样一条通知不停地发布着"求助，我们这里限行了，没有公交车和地铁，回不了家，走回去要四个小时"。需求是6点钟发布的，一直没有人接单。

此时的汪勇刚刚因疫情提前放了年假，闲下来的他想了解一线现状，看到了这条不停闪烁的信息。他知道1月23日交通停运后对医护人员的影响，更清楚此时他的任何一个决定都将承担的风险。思索再三，汪勇决定去接那个大年初一早上6时从医院下夜班的求助者。这次出门，汪勇给家里人的留言是："公司过年需要值班，很多外地人走了，不得不去。"

病毒看不见，但恐惧和警惕在汪勇第一次接送医护人员时伴随了他一路。

"她真正坐上来的时候我有点慌了。当时疫情造成的恐慌是特别严重的，每个人都觉得新冠肺炎是很致命的东西，"汪勇回想起自己当时的状态，"两条腿抖了一天。"

送那位护士回家后，群里的用车需求还在不停出现，汪勇决定继续接送别的医护人员。大年初一这一天，他接送金银潭医院的医护人员超过30人次。很多人疑惑他这样做是为了什么，"不为什么，就觉得我应该做一点什么。"汪勇说。在他心里，求助不仅仅是一个数字、一单活儿，更是同样需要守护的一份初心。

镜头二：一呼百应的生命集结

凌晨两点，金银潭医院外的路灯微亮，路灯下汪勇接人的车灯闪烁着。等人时他默默思考，他知道一个人力量是有限的，需要将微光连成一片，照亮整个城市。

汪勇把金银潭医院需要用车的信息往其他群里发送，并开始招募志愿者。没想到竟然一下子来了二三十个人，汪勇跟大家一起轮流接送医护人员，但仍然不能完全解决金银潭医院医护人员出行问题。

汪勇决定继续扩张车队。他联络了摩拜单车和青桔单车，在金银潭医院和医护人员出行地较多的地方投放。原本都做好了被拒绝的准备，毕竟他只是个没有任何关系和背景的快递小哥，没承想摩拜单车和青桔单车很快采纳了他的建议。

很快，一辆辆共享单车停在医院门口，解决了住得稍微近一点的医护人员的出行需求；一家共享电动车公司在金银潭医院周围投放了400辆电动车，满足了更远一些医护人员的交通需求；滴滴把接单公里数从3.5公里以内更改为15公里以内，这样住得远的人就可以坐车回家……朋友圈和志愿者群所产生的叠加效应超出了汪勇最初的想象。而这些需求的满足，是汪勇一点一点沟通的结果。

汪勇总是能关注到别人看不到的问题，敢于尝试，找资源、渠道去解决。爱心就像雪球，越滚越大。一个又一个新的"局"不断组成，一点一点的爱不断传递，一点一点的计划渐进实施。

在医护人员眼里，"汪大哥"就是哆啦A梦，没有他解决不了的问题。在儿子眼里，"我的爸爸是超人，他在保护医生"。

国家邮政局授予他"最美快递员"称号，并号召向汪勇学习，凝聚起全行业投身疫情防控斗争的强大力量。汪勇说，疫情过后，他最想做的就是尽量多地陪家人，自己在他们最惶恐无助、最需要他的时候选择出来，亏欠太多。他期待尽快回归正常："有时间的话，会把精力投入公益方面，这是我愿意做的事。"

（摘编自《新民周刊》"中国交通新闻网"等相关报道）

何以成长

一、平凡人的不平凡

所谓英雄，不过是平凡人在危难前选择英勇；所谓担当，不过是普通人在困难中选择坚强。在这个没有硝烟的战场，每个人都在用自己的方式战"疫"。

武汉封城，汪勇本可以和所有的普通人一样守护小家，但他却主动承担起接送一线医护人员回家的重任。这条路，在来势汹汹的病毒面前显得危险重重，但汪勇心中更惦念的是连续工作后要用数小时走回家的疲惫的白衣天使，于是毅然选择了坚守和奉献。

汪勇说："人这一辈子很难再碰到这么大的事情，不管做什么，尽全力做，不后悔……一天接送一个医护人员可以节省4个小时，接送100个就是400个小时，400个小时，医护人员能救多少人？怎么算我都是赚的……扛得住疫情带来的艰难困苦，就扛得住以后生活中的任何选择。"汪勇精打细算的这笔"抗疫账"，换来的是金银潭的医护人员可以在回家的路上安心休息，吃上了热腾腾的米饭，度过了令人难忘的生日……这个普通人以一己之力撬动了武汉金银潭医院医护人员的整条后勤保障线，解决了"战疫"期间"最后一公里"的问题，他的志愿者团队更成为金银潭医院的"后勤服务保障中心"。

平凡是生活的本色，不凡是生命的追求。"我不是英雄，只是有人需要我。"这句朴实的话语，是普通人挺身而出的内心独白。在这场严峻的防疫战斗中，汪勇以一个平凡的奋斗者的姿态，克服了内心的恐惧，选择了扛责在肩，投入自身大量的时间、精力、财务，不计回报，为医护人员提供了除医疗外尽可能贴心的帮助。他用自己的实际行动诠释了一个普通人朴素的大无畏的精神本色，擦亮了道德星空，树起了时代标杆。

二、微光里的万千星河

一个人的起点，最终解决了3000多人的后勤保障。汪勇说，自己能量有限，是无数志愿者爱心的汇聚才让他显得"一呼百应"。为什么大家都信任汪勇？一个个陌不相识的企业、志愿者怎样做到越来越默契？

"道虽迩，不行不至；事虽小，不为不成。"从解决医护人员的交通问题、饮食问题到生活的全面保障，汪勇用行动证明了实干的力量：手中没有资源，他就想办法寻找，开始他有的只是朋友圈、微信群的招募，用这些"笨办法"协调沟通。逐渐地，在其他志愿者协同下，每个人拥有的社会资源被再度开发。

时代需要精神力量的感召，什么样的人或事受到关注往往会反映这个时代的底色。《新闻周刊》评论道："大家信任汪勇，他就像一盏灯塔，照亮医护人员，鼓舞着每一个身处'黑暗'中的普通人。"

汪勇的精神之光让更多人意识到，承担责任最朴素的内涵在于坚持多做一点力所能及的事情。疫情席卷全国，在很多不起眼的角落，还有很多像汪勇一样的人，他们的身影出现在每一天的晨曦中，穿行在每一条小巷内，坚守在每一个人的家门口。他们也许不是"冲锋杀敌"的战士，也许没有立下赫赫战功，但在这场没有硝烟的战争中，正是这千万个普通人心手相连，彼此守护，汇聚了无穷的力量，织就了一张张社区防控安全网，更亮出了这个时代最靓丽的底色。

三、生命中的人性光辉

汪勇的义举受到众多媒体的关注，央视《面对面》栏目对他进行了专访，国家邮政管理局派人前来录制宣传片，湖北顺丰公司给他晋升岗位……他在"朋友圈"中说："感谢公司在曾经的管理岗位中的栽培，让我处事冷静；感谢父母的教导让我知道自己该做与不该做；感恩我遇到的一切美好，武汉，加油。"

一个人的人生观，必定会经过许多事、许多人的塑造，最终成形于家庭养成、个人经历、后天教育。人们无法更真切地得知汪勇人生成长经历的诸多细节，但是却会在这一刻发现这个普通人一定是在一种朴素的价值观的影响下成长起来的。自小耿直，自称不是"省心的小孩"，"这次希望没给父母丢脸"……一个人的行为里，隐藏着教养，彰显着品格，流露着涵养，决定着层次。与其说这场突如其来的疫情改变了很多人的人生轨迹，不如说是一块试金石，检验了担当、展示了人性、辨识了德才、区分了美丑。

耀眼的履历不是人生的全部，真正的高贵源于质朴的灵魂。一个国家、一个民族的发展进步离不开造就培养德才兼备的建设者、行动者，尤其是像汪勇这样善良而智慧的问题解决者。心有阳光，如花绽放。在疫情面前，总有一些人用行动向世人证明了人性中的真善美，也正是这样一些人，在这个奋进的时代，或倾一己之力，或践一生之诺，于涓涓细流的漫长坚守或是惊天动地的辉煌瞬间，努力释放自己的光热，彰显人生本色。

点睛锐评

伟大出自平凡，平凡造就伟大，而灾难最考验人性。疫情的沉痛，生命的消亡，对人类心灵的撼动是空前的，美丽的品格必定闪光，丑恶的人性也会无所遁形。汪勇用自己力所能及的行动告诉我们：生而平凡，选择无畏。每个生命都可以给别人带来温暖，成为一轮照耀世界的太阳。

世界入夜，平凡的微光汇就星河

济南高新区奥龙小学　赵文琪

新闻事件

2020年3月，美国《时代》周刊出版了一期疫情专刊，并公布了众多杂志封面人物，展现了疫情之下人们的生活状态。值得注意的是其中出现了中国外卖小哥的身影——外卖员高治晓因"非凡的使命感"被关注，作为唯一华人面孔登上封面。

新冠疫情发生以来，高治晓每天早晨必须进行健康检查，再花20分钟进行全面消毒，早出晚归，每天工作12个小时以上，送的最多的就是米面粮油等生活物资。

最难忘的一笔订单，是送给新冠肺炎定点医院确诊患者的物品。一次，高治晓发现了一个奇怪的订单，顾客要求将充电线送到医院，订单多次被抢单又被退回。高治晓接了订单并和顾客取得了联系。对方坦言自己是一名确诊患者，正在接受隔离，但手机快没电了。高治晓决定帮助这个患者。走进医院时，他还是被紧张的氛围"吓到了"。放下充电线，他跑出医院后迅速给全身喷了消毒液。没过一会儿，他就收到了顾客的感谢信。如果没有这群"冒险工作"的骑手，很多家庭可能会弹尽

还好有你在

隔离在家也不会饿肚子

湖北武汉
外卖小哥在风雪中忙碌奔波

粮绝，病人也得不到救命的补给。

李峰杰则做了更多。他是美团的骑手，就在武汉。"我觉得自己责任重大，因为我手底下管着其他的骑手，他们有些仍然留在武汉工作，所以我必须帮助他们。医生和护士也都来武汉帮忙，那我们这些骑手，至少应该和他们一起抗疫在前线。"

曾经，骑手们因为在大街小巷"横冲直撞"而时常惹争议，如今他们表现出来的这份使命感着实令人敬佩。美团负责人称，疫情之后，用户给骑手的小费比原来多了两倍。一位用户在微博上说："困在家里出不去，让我倍感失落。但外边的骑手，又让我看到了一丝希望。"

举动虽小，但意义不凡。"说实话，我每天也很担心，很害怕。"高治晓说，"如果我突然咳嗽或者觉得有点头晕，我就会立即怀疑自己是不是感染了，因为我每天都接触那么多人。但是知道自己每天也在帮助很多人，我就觉得很满足了。"

（摘编自《时代》2020年3月刊相关报道）

何以成长

一、平凡，亦是英雄

春节前后，在合家欢乐的日子里，疫情如黑夜悄悄降临，慢慢笼罩世界。如果黑夜没有来临，很多人不会意识到这些人的存在——"给患有糖尿病的老人送救命的胰岛素"。他是高治晓，是一名外卖小哥；与伙伴通宵达旦做1800份早餐，送到医护人员手中，他叫石在余，是武汉的一名厨师；"都走了，谁做这件事呢"，她是肖大妈，在武汉做清洁工……这样的劳动者数不胜数，奔赴武汉的医护人员、帮用户送菜的物业人员、在每个路口测温的基层人员……他们都是默默无闻的平凡劳动者，是阳光下我们熟视无睹的人。

这么深的夜，是谁为我们点燃希望？是那些"逆行""摆渡"的平凡劳动者，让那些平凡的微光变得绚烂耀眼。过去，人们的视角常常是看向聚光灯下光鲜亮丽的各类明星。现在夜色如幕，我们看到了黑夜里的微光，他们是新闻中出现的医生、科学家，是无数平凡的英雄。很多人才意识到，离开了他们"驼负千斤、蚁负一粒"的服务，生活会乱套、城市会瘫痪。

现在的我们是中国最幸福的年轻人，社会给了我们无数可能；现在的孩子是中国最幸运的孩子，祖国给了他们丰厚的物质、多姿多彩的精神生活。但这容易让人们有与众不同的优越感，甚至是盲目自信。要知道的是世事纷繁，惊天地者寥若晨星，平凡的劳动者才是绝大多数人的归宿。有人说"人们的思想愈被范例的力量所激励，就愈会发出强烈的光芒"，美国心理学家班杜拉也认为可以通过树立并模仿榜样来习得道德行为。以外卖小哥为代表的战斗在疫情一线的劳动者，囊括了各岗位、各年龄段，对于所有人来说都是非常好的道德榜样。我们每个人都要做最好的自己，追求梦想，勇于攀登。但如果我们未来的成就没有人尽皆知，也可以像他们一样，努力做一个品性优秀的"平凡人"。

在电影里，英雄从天而降、无所不能，而现实中，英雄只是挺身而出的普通人。习近平总书记曾说："伟大出自平凡，英雄来自人民。"在特殊的日子里，在目光不及的地方，无数平凡的劳动者为阻击疫情而战，为他人的幸福安康而奉献。尽管不被铭记，但他们做到了无愧于心。这些在平凡岗位上尽职尽责的普通人，就是守护我们的英雄。多少年后，人们依然会记起这个特殊的时期，却或许很难再有人记得英雄的名字，但他们却给了这个时代最好的注脚——一个属于平凡英雄的时代。

每一个这样普通的劳动者，也要做应该做的事情，力所能及地传播爱和希望。没有谁能具体地定义"伟大"或"成功"。每个岗位都是社会运转的螺丝钉，大多数劳动者渺小并不起眼，但这丝毫不意味着有哪个岗位不重要。重要并不是伟大的同义词，它是心灵对生命的允诺。平凡，亦是英雄，亦能温暖人心。

二、尊重，更有温度

记得有个小品《外卖囧事》，讲述了疫情前外卖员的真实生活：送外卖因不可抗因素迟到，遇到脾气大的客户，害怕被给差评，低声下气道歉，一小部分民众对底层岗位的轻视溢于言表。曾几何时，下单、等餐、用餐，成为我们生活的标配，人们常因太过平常而忽视了他们的存在。就像寒冬更觉家暖，荒漠更感水甜，疫情让我们重新认识了这些"平凡的微光"。这么深的夜，是谁为我们照亮前方？是为城市做贡献的人们。护"胃"队、摆渡人……响亮称号的背后就是人们的尊重。不少外卖小哥受到了各方赞扬，《金融时报》称他们是"新冠病毒疫情中的生命线"。当生命的曙光近在眼前，我们今后该如何尊重平凡的劳动者、尊重生命呢？

对待每一份坚守和热爱，只有尊重和记住，才是最高的礼遇。对平凡人的敬重，对普通劳动者和劳动价值的认可，透露着我们自身的素质和涵养，也投映出社会的宽广与包容。每个岗位都有存在的价值，我们对平凡工作的认可和尊重，也将会是激励他人坚持下去的动力。

尊重平凡也是一种伟大。平凡的人们，没有风起云涌，也没有豪言壮语，有的只是内心的坚守。这种坚守，让无数劳动者用心守护自己的工作、家庭。在疫情期间，每天都上演着许多平凡又不平凡的故事。我们和孩子们一起身处其中，坚信每一次努力都是小小的微光，用每一个背影组成城市的轮廓，用心守护社会的温度。从今往后，更要去尊重每一个平凡而努力的人，尊重黑夜里闪亮的微光。没有人天生伟大，也没有人本该平凡，给平凡劳动者以尊重，就会有越来越多的平凡人活出不平凡的人生。

在疫情面前，尊重生命也成为人们内心的共鸣。为什么我们称呼那些赶赴疫区的人们为"逆行者"？因为人面对生命危险的本能是逃避，而他们在国家最需要的时候，选择了远离安全，为了他人生命直面危险。这种抉择，让生命的价值超越个体。"人生自古谁无死，留取丹心照汗青。"在和平年代，整个社会对生命的尊重尤为可贵。英国社会学家斯宾塞认为，每个个体应该服从社会认可的道德规范、价值、信念和习俗。正是无数个体对生命的尊重，无数个体的道德抉择，才让微弱的光芒照亮夜空，才使得社会对战胜疫情充满信心。

生命是宝贵的，"百年能几日，忍不惜光阴"。疫情中的死亡人数不是冰冷的数字，而是多少家庭的破碎，多少生命的溘然而逝。经历这次灾难，我们更能体会到个人生命和国家命运如此息息相关。平凡人的生命在每一次努力中熠熠发光，在黑夜中犹如微星，赋予生命美丽的色彩。我们之所以能战胜疫情，皆因为世界有光，有温度。当别人问起如何报答微光的情谊，尊重，就是最好的回答。

三、信仰，胸怀祖国

在这场"抗疫"战中，平凡的人们给我们最多感动。不止年轻的外卖小哥，还有更多青年闪烁"微光"。刚毕业的军医，面对疫情无所畏惧；刚穿上警服的干警，从早到晚严阵以待；靓丽的白衣天使剪掉秀发，穿上闷热的防护服；风尘仆仆的青年工人，在火神山工地上日夜工作；青年志愿者深入防控一线……他们用勇敢与坚强、担当与尽责、无畏与无私成为点点星辰，青春在释放力量。这力量来自坚定的信仰。我们，从信仰文明、智慧与文化开始，就信仰我们的祖国。

"历史是人民创造的，中国的发展成就是一代又一代中国人顽强拼搏、接力奋斗创造的。"阳光洒落，复工复学，车水马龙和满街笑颜正是青春信仰的战果，是人民用点滴奋斗创造的抗疫奇迹，是中华儿女为世界做出的卓越贡献。每一个奇迹，都靠热血不断浇筑。这段时间，我们深切体会到顽强奋斗的青春在燃烧、团结互助的民族在呐喊。习总书记在给援鄂医疗队"90后"党员的回信中，称赞青年在疫情防控中"彰显了青春的蓬勃力量，交出了合格答卷"，勉励他们"不惧风雨、勇挑重担，让青春在党和人民最需要的地方绽放绚丽之花"。

为了信仰、勇于担当的青春最有光彩。"我还是从前那个少年，没有一丝丝改变，时间只不过是考验，种在心中信念丝毫未减。"我们只有把人生信仰融入国家，才能找到人生价值的坐标。在这场疫情防控阻击战中，"90后"把个人成长与祖国紧密联系在一起，这是当代青年对美丽青春的最好诠释。而下一代"00后""10后"也将在祖国的呵护下茁壮成长，浸染伟大民族精神的底色，刻下责任与担当。

"苟利国家生死以，岂因祸福避趋之！"每个人都是人生的主角，对生命的敬畏，对祖国的信仰，让我们有了担当的力量。对于青少年而言，在这场举国上下的"战疫"中，不需要你们去到一线，但等你们长大，会遇到其他的考验。要记住这一场战"疫"，从小开始担起自己的责任，勇于担当，不逃避，不放弃。我们生于斯长于斯，要把自己深深嵌进祖国成长的年轮里，为了信仰去学习。学习不止在校园内，更在家里、在课外，在每个人的观念里。可以说，树立何种人生理想，决定着你的方向。理想之光、信念之火会激励着你们听党召唤、跟党奋斗，用实际行动去学习、去进步，向祖国做出最坚定的信仰宣誓。

马克思指出："一个时代的精神是青年代表的精神，一个时代的性格是青春代表的性格。"新时代有新使命，每一代人有每一代人的责任，相信在战"疫"大风大浪里经过的每个孩童，一定能成长为扛起时代重任的民族栋梁。疫情让我们更珍惜生活中每一分火热，让青年人回望来路更感充实，让孩子们展望未来更有理想。无数青年的奉献、激情和信仰，成就了黑夜里的星河耿耿、银汉迢迢。信仰，唯有祖国，愿你我同一信仰、共同奋斗。

穿过黎明前的黑暗，我们一起迎接胜利的曙光。人们说"岁月静好，是因为有人替我们负重前行"，就让我们向平凡的坚守致敬。当灾难退去，我们也不能忘记那些平凡的微光。愿每个人，都能成为尊重平凡、敬畏生命、有信仰的平凡而伟大的人。

点睛锐评

"灿烂星空，谁是真的英雄，平凡的人们给我最多感动。"这个年轻的外卖小哥，也是每一个平凡的中国人。《流浪地球》里说"我们决定，选择希望"，在这里，更要感谢点燃希望的微光。日常生活中，"平凡的微光"就散落在人群里，当时代需要并选择了他们，就发出人生灿烂的星辉。等疫情过去，他们又将默默坚守在各个角落。致敬平凡岗位上的劳动者，用行动传递勇气；致敬尊重平凡与生命的人，用大爱播撒温暖；致敬以祖国为信仰的人，让青春绽放荣光。哪怕道阻且长，我们每个人都要努力向自己的梦想星辰前进，让平凡的微光，汇聚成中华民族繁星闪烁、绚烂夺目的璀璨星河。

致敬"吴"名之辈

山东省济南第十五中学　官　晓

新闻事件

　　突如其来的疫情，使25岁的中学教师吴悠当起了义务送药人，他每天骑着电瓶车给网上的求助者送药。

　　"1月23日，武汉开始封城，全市公交、地铁等都暂停运营，我主要是在自己小区里面送些口罩。1月25日，考虑到隔离中的人买药困难，我开始在武汉全市区送药。"吴悠讲道，自己主要是骑电瓶车为网上的求助者义务送药，"这些求助者主要是通过微博联系到我们。"而跟他一起送药的人，还有他的几位朋友。

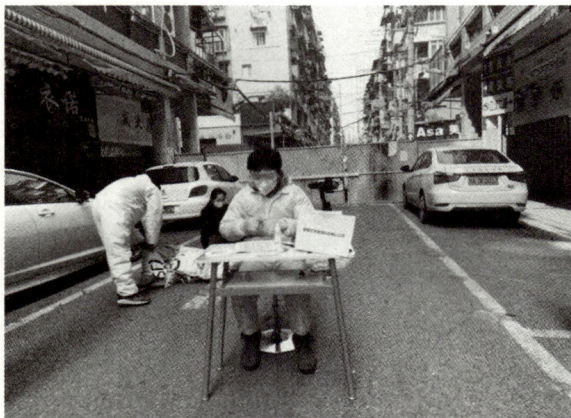

　　"一个月前的武汉是一种很焦虑、很压抑的状态，当时想着为需要药的人，尤其是老人送药，或许会让大家的情绪缓和很多。"2020年2月28日，25岁的吴悠向记者陈述自己最初送药时的状态及想法，也就在三天前，吴悠被人

举报因送药"赚差价",进而被警方介入调查。

据吴悠介绍，他和他的朋友们已经为600多户求助者送去药品和防护物资，主要是口罩、预防新冠药物，还有抗高血压、心脏病药物及孕妇必需品等。"刚开始，连花清瘟、口罩、酒精等防护物资都是免费送，阿比多尔、莫西沙星等药低于市场价出售，"吴悠称，"很多药都是直接从药店里买的，原价买，然后义务帮忙送，后来联系了一位在药厂的朋友，有一些药物和防护物资，朋友帮忙低价拿到了，而这些信息后来警察也都一一核实了。""在比较忙的时候，深夜还在送药。"

"给需要的人送药，也就想着帮帮忙，后来要的人越来越多，一些药物也都是低于市场价的，"吴悠告诉记者，因为自己是一名老师，也希望自己的学生明白自己这些天做的这些事并不是为了利，"最起码我自己认为是百分之百纯粹的。"

"在收到警方通知书的那一刻，我还是有点慌的，因为从来没想到自己会收到这样的通知书。"根据吴悠的描述，他是2月25日接到警方通知并被警方介入调查的。

2月27日，也就是被调查的第二天，吴悠发表微博："我委屈了，就那么一下下。我不仅不退缩，更会继续努力，我用行动证明。"

后来警方经过核实，并未发现吴悠有高价售药、赚取差价的情形，唯一有问题的就是吴悠不具备医师资质，不能以个人名义售卖药物。

"这些天，大家都在支持武汉，我的行为也得到了很多人的关注。"吴悠告诉记者，他还和捐赠方达成口头协议，只要求助者有确诊病例或医生建议、处方，往后所有药物一律免费发放。

"吴老师帮忙送药，完全是义务劳动，每天的药也都有记录，而且一直接受大家监督，我们买他的药都是以最低价买到的，一些口罩什么的他还会送给我们。"汉口一位曾经让吴悠送过药的王女士称。

每个人都有自己的愿望，吴悠曾在自己的微博中写道："我一生都希望自己成为钟南山一样的人。"

吴悠对记者说："这件事后，我曾帮忙送过药的人，他们纷纷在微博留言表达关心，问我到底怎么了，发生了什么事，甚至没有交集的人也为我说话，非常感谢他们的理解。"网友们的鼓励给了他莫大的勇气，到现在为止，吴悠已经给近2000户人家送过药。两个月了，这座城市"解封"的消息也传来了，不管是药、消毒水还是自热米饭，吴悠都决定继续送下去："以前想说送药送到我被传染上肺炎的那天，现在我想说，送到不再有人需要我。"

（摘编自"搜狐新闻"相关报道）

一、疫情是一面镜子

疫情是一面镜子，每个人面对疫情的第一选择，最能体现他们的品性。面对突如其来的疫情，我们看到了很多人对同样的事件的不同反应。我们既看到了由于缺乏正确的道德观念而扰乱社会秩序的人，又看到了能够明辨是非却面对疫情漠视自保的人，但同时我们也看到了拥有社会责任与担当的道德模范，他们挺身而出，用自己的光和爱守护着我们热爱的城市……

从疫情发生到现在，我们看到了一些丑恶的心灵。有人在公共平台上公然发表具有明显混淆视听性质的评价，蓄意歪曲事实，造成舆论恐慌；有人对奋战在抗击疫情一线的工作人员不尊重，不支持他们的工作；有人对抗击新冠疫情的隔离政策不满，大搞特殊；有人对自己的行程和病情隐瞒不报，贻误最佳防控时机，造成传染扩散；更有"黑心"商人趁机牟利，抬高物价，发国难财……在疫情面前，他们因一己私欲而舍弃正义，违背道德，他们的行为不但扰乱了社会、市场秩序，而且严重影响抗击疫情大局。

我们同样看到，还有很多人，他们虽然拥有着正确的道德观念，能够明辨是非，但是却不肯将内心的正义感、同情心化为行动。在危难面前，他们选择了漠视：有人出于自保见死不救、袖手旁观，甚至有些酒店公开拒绝疫区人民入住。"麻木的人是没有眼界的，他们觉得这一切都不关他们的事，自保为上。但是真的不相关吗？明明是相关的！不管能不能达到和谐互助的理想化状态，反正只要是对的，搞了再说，这是武汉人的精神。"吴悠面对质疑时曾这样说道。危难面前，没有人可以置身事外。"灾难不仅喜欢看人类互相猜忌，无视漠然，更是吃负能量长大的。人与人之间多点善意，互相理解，给予耐心，危难就长不大了。"

危难见人心，患难见真情，病毒无情人有情。在这场战役中，我们透过一幕幕感人至深的画面，看到了更多人性的光辉。吴悠的事迹一出，有多家媒体采访了他，央视称他是"心中有光的普通人"。知其善才能行其善。心中拥有正确道德准则的人，才能懂得如何将其化为行动。道德行为是衡量一个人道德觉悟水平的重要标志。拥有着正确道德观念并将其付诸行动的人，是最高尚的人。疫情发生以来，我们看到了很多很多有良知、有公德、有爱心、有担当的好公民，他们奋斗在抗击疫情前线，救死扶伤；他们工作在医院建设工地，通宵奋战；他们拼搏在工厂一线，加班加点；他们奔走在身边社区，无私奉献；他们更来自一个个平凡、普通的家庭，默默地坚守在自己的岗位，响应党和国家的号召，不走亲访友、不串门聚会、不信谣传谣，用饱含善意的言行温暖人心，用捐款、捐物等力所能及的方式去帮助他人。

二、在光明中逆行

我们知道，做一件对的事情很容易，难的是坚持去做对的事情。吴悠在疫情最严重的地方"奋战"，明明是在做好事、做善事，可是却有对他质疑的声音出现，甚至污蔑。看到吴悠的新闻我们不禁思考，如果你是吴悠，被举报后会是什么心情？你还会选择继续坚持送药吗？面对危险与流言，该何去何从呢？

说到这里，不难想起曾经春晚上的热门小品《扶不扶》。太多时候我们面临着这样的选择，一面是做自己认为对的事，坚守我们的道德底线，但可能会招来财产、精神甚至名誉的讹诈，可能不被理解，可能被误会、被伤害；一面是漠视不理，没有风险却可能因此带来内心的愧疚，此时的你会怎么选？扶不扶？回到吴悠这里，我们思考同样的情形，明明做好事还被诬陷，要不要坚持？小品的经典台词直面回答了这个问题：“这人倒了咱不扶，这人心不就倒了吗？人心要是倒了，咱想扶都扶不起来了。”

想起之前看到一本书——《熊镇》，里面有这么一段话令人印象深刻：“诚实的人会遭他人背弃；然而，你还是要诚实。友善的人会遭他人诽谤；然而，你还是要友善。你做的所有善事，别人会在一夕间忘记；然而，你还是要做善事。”生命的勇者，能够直面挫折与困难，坚守住信念并持之以恒地去做对的事。我们欣喜地看到，吴悠正是这样的人！他曾在微博上对举报者说：“药我会继续送，你躲在暗处看好了，我们在光明里逆行。”每次看到吴悠的微博，都会让我肃然起敬。一个年轻的小伙子，面对突如其来的指责，没有被这些负面情绪打倒，没有垂头丧气，更没有追究举报人，反而选择继续坚持送药。他的坚持、执着感动了无数的网友，“好人要有好报，不能让好人心寒”。吴悠不仅赢得了他人的尊重，而且得到了好心人的关心与帮助，更多的人用实际行动声援吴悠，守护着这份善良。

吴悠，作为一名新时代的年轻教师，他的行动不仅为社会带来了满满的正能量，更是将自己的价值观言传身教，对学生甚至公众产生了潜移默化的正面影响。教育的根本任务是立德树人，立人先立德，吴悠为自己的学生上了最生动的一课。“有人说我作秀，其实我只想做给我的学生看。”吴悠认为，行动本身能承载千言万语，“我想让我的一些叛逆的学生知道，这个世界上是有好人存在的。”越来越多的学生和家长被他的事迹鼓舞着，被他的精神感染着，并决心将这份温暖传递下去。这是一种爱心的传递，这是一种精神的传递，更是一种意志的传递！

三、英雄可能平凡

坚定道德意志、践行道德行为的道路并不是一帆风顺的，在这个过程中可能会被误解、造谣、伤害，可能会感到失落、难过、愤怒等，产生这些负面情绪是正常的，但不可一味沉浸其中，要及时调整自己。只有遵从自己内心对道德的追求，选择自己认为对的道路，不畏路途上的荆棘，并坚持走下去，才能成为真正的强者。“世界以痛吻我，我要报之以歌”，自觉克服一切困难与障碍、做出抉择的顽强毅力和坚持精神，是一个人道德意志强大的具体体现。拥有这种道德意志的人，能够在面对抉择时，果断地做出正确的选择，更加坚定地将自己的道德情感、道德观念转化为道德行为。

《新时代公民道德建设实施纲要》强调，要"尊重人民群众的主体地位，激发人们形成善良的道德意愿、道德情感，培育正确的道德判断和道德责任，提高道德实践能力尤其是自觉实践能力，引导人们向往和追求讲道德、尊道德、守道德的生活"。我们希望每个公民在灾难来临的时候，能够不逃避、不退缩，坚守自己的道德底线，做一个有社会责任感的人。

在这场疫情防控的人民战争中，我们看到了中华民族特有的道德品质，大音希声，大爱无疆。英雄从来不在高岗上，而是在人群之中，每一个平凡普通却守护道德、努力坚持的人，他们都在用可触可见的道德光源，驱赶走我们内心的黑暗，照亮我们前进的路。愿我们成为心中有光、脚下有力量的人！

点睛锐评

面对疫情，不同人的不同选择，会带来截然不同的结果。假如每个人都没有办法坚持自己的道德底线或者对于是非毫无认知，漠然视之，我们的社会会变成什么样？社会需要像吴悠这样的人，需要他们将中华民族的传统美德融入我们的思维方式、价值观念、行为方式中。当然，善良被误解的情况是可能发生的。这也从另一个侧面说明善良者的可贵。曲高者和寡，你的善举善行是"不惮以最坏的恶意推测身边的人"这类人一时难以理解的，但当一切事实澄清之后，人们投向你的目光里只有崇敬。明辨是非、敢于选择、良心做事、踏实做人，每个努力践行社会主义核心价值观的公民，都是一束光，都是温暖世界的力量！

致敬"吴"名之辈

大连小伙儿的"汉囧"战"疫"记

济南市制锦市街小学　张　洋

新闻事件

　　2020年2月15日，28岁的大连小伙蒋文强本想去长沙一趟处理业务，结果误入了高铁上外地回武汉人员的专门车厢，阴差阳错滞留武汉。他下高铁后发现问题大了——火车站不再售票，在武汉又举目无亲，打不到车也住不上酒店。于是他上网搜索志愿者，想找志愿者来帮助自己，没想到搜索出来的都是医院志愿者招募信息，还"包吃包住"。为了解决住宿问题，他"应聘"到武汉市第一医院当起了保洁志愿者。在特殊时期工作人员极度紧张的情况下，蒋文强应聘的第二天就正式上岗。

　　在武汉市第一医院隔离病区，大家都称呼他为"大连"。他从第一次进病房"多戴一副手套"、碰哪里都觉得会感染，到逐渐克服恐惧卸下心理"包袱"，习惯了隔离病区里的工作，后来还给自己立了一个"工位"；他一天工作12个小时，中间分两次共休息3小时，需要三次穿脱防护服，身着防护服时不能喝水不能上厕所，他笑称自己是武汉第一医院的"憋尿小王子"；他负责清理患者的生活垃圾，处理医护人员脱下来的防护服，还要拖地、消毒、搬运物品，用他自己的话说，这一个月把20年的家务活儿全都干了；他怕父母担心，隐瞒了滞留武汉的实情，并且说"战胜疫情的时候，就是我平安到家的时候"。

"大连"在隔离病房上演了一幕抗击疫情的"温暖剧情"，他的经历被网友戏称为现实版的"汉囧"。这段颇有戏剧性的经历，让"大连"意外成为近期央视等各大媒体报道的"网红"。

（摘编自"央视新闻"2020年3月11日相关报道）

何以成长

一、英雄从来不是伟大的代名词

没有谁注定成为英雄，有时候不过是硬着头皮往前冲。2月17日凌晨，决定在隔离病区保洁岗位干下去的蒋文强，给大连交通广播微信平台发了一条信息，他是想在自己假若遭遇不测后，希望电台能把他的经历转告给他的家人。他写道：

"……有时候，我很害怕，怕自己被感染，怕没机会再回去见到我的父母、妻子，还有我不满3岁的儿子。不敢跟父母打视频电话……作为一名中国人，一名大连人，我不畏惧病毒，可是作为一名儿子、丈夫、父亲，我害怕再也见不到他们！我还有我未尽的义务……"

从2月15日误入武汉到2月17日发这条信息，蒋文强从最初的只为找个住处当了志愿者，到第一次进病房时的担心和恐惧，再到现在已做好了牺牲自己的准备，只经历了短短的几天。他并不是一位医务工作者，也不是早有心理准备而报名的志愿者，而当他误打误撞开始在隔离病区为病人服务时，也许最初连他自己也没有意识到，他内在的作为优秀公民的勇敢和担当被激发出来，作为中华儿女的责任感、使命感被激发出来。

英雄从来不是伟大的代名词，英雄也从来不是一个模样。在这次疫情中，我们看到了太多平常人为抗击疫情所做出的努力，为建设好社会、推动社会进步所做出的努力。良好社会的存在以及它的建设过程本身也是最好的教育过程，它会将这些充满正能量的精神与原则渗透到生活与教育的方方面面。我们要积极培养自己的社会情商，在贡献社会中实现生命的价值；我们还要树立强烈的意识：这个社会是我的社会，我要让她变得更好；这个国家是我的国家，我要尽我的努力让她变成一个文明现代、世界一流的国家；她是我的母亲，是我血脉相连的根。

二、勇敢为生活中的"偶然"买单

一次武汉的奇遇，成就了普通人蒋文强的特殊际遇。和那些同样因为各种原因而"滞留"武汉的人一样，他也有一些担心和害怕，但他积极乐观，善于管理自己的情绪，并化被动为主动，将一切紧紧握在自己手中。

2月15日，他因去列车餐厅误入"武汉专属车厢"，只能在武汉站随乘客下车，虽然有些不情愿，但他有基本的社会道德和规则意识，知道武汉"严防死守"的现实情况，所以他没有为难乘务员，也没有拒不下车或者坚持回到自己的车厢。他能理解和接受特殊时期的"小意外"，也能勇敢地为自己的不慎和事情的偶然而买单，并承担由此带来的种种麻烦和结果。

在媒体采访时，蒋文强口述经历的整个录音和视频中，没有听到他太多的埋怨和气急败坏，而是一直保持"笑呵呵"的状态。他的模式是"遇到问题—想办法—办法不成—再想办法"。他朴素真实，情绪稳定，勇于坦承自己的害怕，接受并正视面临的困境，积极地面对生活的各种挑战和不期而遇。正是拥有这种乐观向上的性格，作为一个在疫情时期"不太幸运"的人，他不仅没有陷入懊恼后悔之中，反而还能微笑着去应对；"举目无亲"又"走投无路"下应聘为医院隔离病区的志愿者，工作危险系数高，他虽然担心但也逆流而上，带给他人帮助和鼓舞，不能不说难能可贵。

三、感恩之心浸润我们的心田

蒋文强怕父母担心，隐瞒了滞留武汉的实情，并且说"战胜疫情的时候，就是我平安到家的时候"。在接受采访时，他说："其实一开始和家里说还是比较好说的，比较容易张口，越往后越不好张口，不知道该怎么跟家里说……"因为事情的突发性和不可预知性，蒋文强善意的隐瞒并不是有意的谎言或欺骗，而是怕父母担心，是对父母的善待，是作为人最基本的伦理和善良。而且在他决定留下来做志愿者时，他的留言"我不畏惧病毒，可是作为一名儿子、丈夫、父亲，我害怕再也见不到他们！我还有我未尽的义务"，也充分说明了这一点。

此时的蒋文强，不仅是一位武汉的滞留者，不仅是一名隔离病区的志愿者，更是一位有孝心、善待父母的儿子。百善孝为先，我们的生命来自父母，父母含辛茹苦地把我们养大，竭尽全力给我们最好的生活；父母为我们会倾尽所有，无怨无悔，甚至为了子女甘愿牺牲自己。这世界上只有父母对子女的爱毫无保留，不求回报；羊有跪乳之恩，鸦有反哺之义，一个人感恩父母孝敬父母是天经地义的事。孝敬父母，是对后代子女的言传身教，培养的是感恩之心，培养的是自己的福田，展现的是中华优秀的传统文化和良好的家风家训。

四、"忘了我吧！我不想当网红"

回望这段不寻常的经历，蒋文强称正如网友所总结的一样："误打误撞，进了战场，迷迷糊糊，还打赢了。"他的抖音号现有6.2万粉丝，媒体争相约访，直到如今还被竞相追逐，仿佛成了流量担当，但是他一直认为自己就是普通人。他说不想因疫情成为"网红"，母亲也叮嘱他不能"飘"。蒋文强目前已回大连，他现在的想法就是：请把我忘了吧，可以"大结局"了。

当今社会，很多人妄想一夜成名，也有些人不择手段想要成为"网红"，试图赚快钱，这些都是与新时代不相符的价值观和做法。在自媒体时代，人人都是"新闻发布者"，人人都是"评论员"，普通人有时也会被报道和关注，面对新闻和舆论，无论何时都要坚守初心，戒骄戒躁，踏实生活。蒋文强为我们很好地诠释了这一点。

大连小伙儿的"汉囧"战"疫"记

奇遇之所以奇，在于特立独行，在于高潮迭起，在于绝境逢生。这些奇遇，这些偶然，绝不是普通意义上的发生。这一个月，28岁的蒋文强坚守在抗疫一线，见过生死，听过离别，体验过"走红"，也深刻感受到医疗队的温暖，感受到国家和人民的力量。其实，透过蒋文强这个既平凡又非凡的故事，我们还能看到更深远的东西。他之所以能写好这个充满偶然的故事，是因为他的背后还有更强大的团队和支持，这个团队，是他误打误入的武汉市第一医院，也是前来支援的南京鼓楼医院，是每一位为抗疫付出的中华儿女……蒋文强只是这场战疫上的一个缩影，也是所有逆行者的集合，更是一种生生不息、绵延不绝的力量。

一句话感动了国人

济南市济阳区第二实验小学　冯玉仙

新闻事件

　　这几天，很多人被一个名叫李保民的山东汉子所打动，他的一句"没钱可以出力"感动了万千网友。此前，他和他的同伴们经过二十多个小时的奔波，将200吨蔬菜送到了新冠肺炎疫情最严重的武汉。在货车车厢里，他一边嚼着煎饼，一边淡然地谈着他的"逆行"之旅："没钱可以出力，我当时就是实话实说嘛，没想到我也能有机会为国家出把力。"

　　视频中他憨厚的表情、沧桑的脸庞和朴实的话语引来众多网友点赞。

　　生于1980年的李保民，今年正好40岁，眼角深深的皱纹是辛劳的生活在他脸上刻下的印记。李保民告诉记者，他上完初一就辍学进入了社会，十几岁的他四处打工，什么活都干过，一天只能挣十几元钱。后来，他一边在工地打工一边学开车，2003年，他终于考出了A级驾驶证。有了驾驶证，哪里招司机，他就去哪里应

聘，脏活苦活都不怕。十几年来，他走南闯北，海南、东北都去过，成了一名老司机。2月2日，当临沂广顺汽贸招募赴武汉送菜的驾驶员时，李保民不假思索地报了名："出力的机会终于来了。"报名的人太多，李保民还担心自己选不上，报名去武汉的事他也根本没和家人商量。被选上后，他才回家跟媳妇通报了一声，媳妇愣了一下，也没说话，李保民认为这是爱人对他的默许。"咱老百姓，只要不干坏事，怎么都行。"爱人没吱声，却默默地为李保民准备了路上的吃喝用品，其中包括一摞煎饼、一捆蒜薹。出发前一天晚上，李保民兴奋得睡不着："没想到我这辈子还能为国家做点贡献，为国家解难的特殊时期，还能让我参与一下。"

2020年2月3日起，李保民的视频在网络上被持续转发关注，一句"没钱可以出力"的朴实回答感动了众多网友。很快，这段视频也被"阿里巴巴天天正能量"注意到。2月8日，齐鲁晚报·齐鲁壹点联合"阿里巴巴天天正能量"授予李保民以及和他一同勇赴武汉的车队队员们"阿里巴巴天天正能量特别奖"，并奖励给他们两万元。"阿里巴巴天天正能量"的颁奖辞这样写道："一场疫情，照出无数平凡善心。一声号召，十余名山东好汉挺身而出。'没钱但可出力'，质朴话语，滚烫热忱。疫情当前，每一分力量都弥足珍贵，每一个平凡个体的参与，都让我们离胜利更近一步。"

11日一大早，李保民给记者打来电话说，这两天晚上，他翻来覆去睡不着，越想越不自在。"我只是做了一件很普通的事，凭啥又得荣誉，又得奖金？如果非要给我，请帮我捐了吧。"李保民在视频中哭着请求记者帮忙替他把奖金捐出去，捐给湖北那些在疫情中失去亲人的孩子。李保民告诉记者，在他四岁的时候，父亲就去世了，从小是爷爷奶奶叔叔婶子大爷大娘把他抚养大的，那时他就明白了一个道理，"如果人人都献出一点爱，那再大的困难也都好办了"。长大后，李保民性格直率，吃苦出力的事情从不吝惜。"我吃过很多苦，知道苦的滋味，所以那些没爹没妈的孩子能帮就帮一下。"他说他这辈子没有经历过这样的事情，"小时候学习不好，没有人表扬过我，突然得到表扬了，有点接受不了。人还是要做好事，做好事心里踏实。"

2月11日，在临沂市义堂镇一处隔离点的房间内，李保民显得有些百无聊赖，习惯了在外奔波谋生的他，突然什么都不干了反而闷得慌，身上一股子劲不知道该往哪里使。他告诉记者，这几天发生的事情有点像做梦，来不及消化。当记者问他解除隔离后最想做的事是什么，李保民说："再去打听打听，还能为抗击疫情干点啥。"

（摘编自"齐鲁壹点"2020年2月12日相关报道）

何以成长

一、善意总会被温柔相待

一句"没钱可以出力"，一下让李保民"火了"，很多人因为这句朴素的话而触动。我在想，是什么如此打动人心？为什么我们总是会被这些平凡的举动感动到流泪？也许就是因为他们身上所散发的善意，戳中了我们心中最柔软的部分。

或许他没什么文化，没什么地位，也没多少钱，但是善意与出身无关，平凡的举动却充满了美好与力量。然而，我们也看到了一些不想看到的低劣行为：往门把手、电梯按钮吐口水的，出门不戴口罩的，隐瞒自己旅行轨迹传染疾病的，当街辱骂防疫人员的……实在令人痛心。

"没钱出力"的李保民赴武汉送菜，已经很让人感动。更难能可贵的是，李保民的善意是有回应的，当得知这一情况后，"阿里巴巴天天正能量"给予他和车队队员两万元奖励，这回流泪的轮到李保民了：

"我只是做了一件很普通的事，凭啥又得荣誉，又得奖金？如果非要给我，请帮我捐了吧。"他没想到自己不经意间的举动，却受到了社会如此大的关注。

李保民的善意，在社会中形成的良性互动，凝聚成一股无形的力量，感染更多的人投入抗击疫情的战斗中。正如杨澜所说："你要相信善意的力量，在你能力范围内，善意地对别人。善意就像空气一样是会流通的，到时会有正面的能量还给你。"

二、该以什么姿态面对苦难？

"每个人的人格并非一成不变的，他对痛苦的态度本身也在铸造着他的人格。不论遭受怎样的苦难，只要他始终警觉着他拥有采取何种态度的自由，并勉励自己以一种坚忍高贵的态度承受苦难，他就比任何时候都更加有效地提高着自己的人格。"这段文字，出自作家周国平的随笔《直面苦难》，而李保民的行动无疑做出了很好的诠释。

通过记者的采访，我们了解到，李保民四岁的时候父亲离世，他的童年想必是不幸的。但他在成长中并没有放大这种不幸，而是在苦难中看到了别人的帮助，看到了爷爷奶奶叔叔婶子等人的关爱，这对于他人格的形成与提高有着至关重要的作用。"我吃过很多苦，知道苦的滋味，所以那些没爹没妈的孩子能帮就帮一下。"

每个人的成长过程，都不是一帆风顺的，不管是家长，还是老师，都无法做到时时刻刻为孩子遮风挡雨。与其为孩子挡开风雨，不如让他们学会面对风雨，学会看到风雨过后晴朗的天空。我们不仅要直面苦难，有时甚至要感谢苦难，当你知道了用什么姿态去面对它时，也就懂得了什么叫成长。

三、责任与担当，从来没有高低贵贱

这些天，大多数人都宅在家里。有人笑谈，这是最心安理得的"宅"，没想到在家躺着就能为国家做贡献。也有些人不能宅在家里，除了大家熟知的医护人员、基层干部、人民警察等，还有一些我们看不见的、想不起来的，比如坚持免费接送医护人员的网约车司机，配送医疗物资和餐饮食品的快递小哥，在武汉医院坚守岗位的保洁员，还有像李保民这样运输抗疫物资的货车司机。

正是这些普通人的责任与担当，为湖北人民送去温情，让武汉这座英雄的城市没有瘫痪。其实，在疫情面前，人人都能各尽所能，就是对抗疫最大的贡献。作为普通人居家不出，加强自我防范，不给国家添麻烦，就是一份责任；作为学生，开学延期了，乖乖宅在家里，停课不停学，就是一份责任；作为老师，开展空中课堂，停课不停教，就是一份责任；作为隔离市民，每天主动测量体温如实上报行踪，也是一份责任。

著名教育家李镇西谈到疫情期间"公民责任"的话题时说："不妨这样想一想，像李保民这些来自公众的平凡人物，能够在关键时刻，成为保护其他中国人的'最勇敢的人'，如果我到了能够尽责的年龄，又具备应有的能力，当人民需要我的时候，当国家召唤我的时候，我也能够挺身而出吗？"

点睛锐评

常言道："大事难事看担当，顺境逆境看襟怀。"青少年阶段是价值观形成的关键时期，而李保民的事迹，无疑给我们上了一堂生动的德育课。这堂课，没有生硬的说教，没有复杂的教案，只有朴素的言语、挂在脸上的微笑和自内而外流露出的责任与担当。疫情面前，人人有责。我们固然需要擂鼓呐喊的人，但更需要冲锋陷阵的人，推倒黑暗的闸门，放人们到光明和平安的地方去。

国难少年敢担当

济南市景山小学　孟祥意

新闻事件

　　15000只医用口罩，从印尼雅加达历尽周折护送到上海再捐赠给温州苍南。自古英雄出少年，非常时期，15岁上海好少年赵珺延"千里走单骑"，颇显大智大勇。

　　少年赵珺延是上海市新黄浦实验学校八年级的学生。这个寒假，对他意义非凡。一放假，旅居海外的舅舅便邀请他去雅加达度假。没几天，国内就传来疫情暴发的消息，他的家乡温州很快成了重灾区。舅舅闻知此事，第一时间组织企业员工紧急搜集岛内医用口罩。两天后，首批口罩共计15000个整装待发。

　　此时，一个难题出现了：航班陆续停飞。一边是日益加重的疫情，防护物资紧缺，一边是上万只口罩无法送出。正当舅舅伤脑筋的时候，赵珺延说："快递小哥，我来做！"

　　听闻此言，在场的人纷纷竖起大拇指。要知道，国内开学延期，此前舅舅因为忙于搜集口罩没空带赵珺延游玩，妈妈特地改签机票时间，希望他在雅加达多待一段时间。

　　"妈妈，我要把15000只口罩送回国！"孩子的想法得到了大力支持，妈妈立刻再次为他改签。

　　2月3日晚，赵珺延踏上回国旅程。为节约空间，15000个撕掉包装的口罩被装进了5个24寸的行李箱中。15岁的赵珺延带着5个大行李箱和舅舅的嘱托，坐上了印尼飞中国的最后一班飞机。

2月4日早晨，飞机顺利到达上海。小小少年如何照顾好这5只沉甸甸的行李箱？过海关时，腼腆的他找到几个好心人帮着一起出关。本来他打算守着行李箱，致电顺丰快递直接来把箱子拉走。可是工作人员告诉他，需要他自己把箱子拉到顺丰在机场的预定集合地。他立刻取出手机查定位，天啊，目的地500多米！面对着5只大箱子，赵珺延一筹莫展……偌大的大厅人很少，个个行色匆匆，找谁帮忙呢？好吧，豁出去了，一定要把口罩运送到目的地！他找来两辆推车，将5只箱子搬上了车，一鼓作气推起了两辆车。可总有箱子不听话，一路走一路掉。他只能推一辆走一段，再回去推另一辆……500多米地足足走了半个小时，5只沉甸甸的行李箱终于成功搬运到了机场外围。机智的赵珺延第一时间联系了快递公司，2小时后，这批饱含希望的物资终于奔向了温州苍南。

（摘编自《新民晚报》2020年2月13日相关报道）

何以成长

春节前后，突如其来的新冠肺炎疫情肆虐中国大地，口罩成了我们防疫抗疫的必备利器。疫情暴发时，初中生赵珺延正好在印尼度假，虽身在海外，依然心系祖国。他带着1.5万只口罩，装在5个行李箱里，历尽艰辛，只身一人，带着5个重重的行李箱，硬生生把这些口罩从印尼运回祖国。面对媒体，他只是朴实地说："国家有难，匹夫有责！我们只是做了作为普通中国人应该做的事。"

诗人麦和幸为赵珺延题了一首诗：

口罩搜来隔千山，回家路比蜀道难。

挺身历险踏波去，劈浪行舟载誉还。

荀灌突围纾国难，甘罗出使为图斑。

功勋自古少年立，托运小哥才弱冠。

自古英雄出少年，赵珺延关键时刻心系祖国、勇于担当，从他的

国难少年敢担当

身上，我们看到了勇气、智慧、怜悯等闪光的优秀品质。只有让孩子们从小就努力锻炼，培养一颗勇敢的心、一个智慧的头脑和一腔温暖的情怀，才能成长为国之器用，我们的国家和民族的未来才能更加充满希望。

一、有勇气有担当

作家毛姆曾说："要使一个人显示他的本质，叫他承担一种责任是最有效的办法。"事不避难、义不逃责，这是难得的责任感，也是一棵幼苗长成参天大树的必备项。

除赵珺延以外，在此次暴发的新冠肺炎疫情中，同样还涌现了很多让人刮目相看的青少年：有主动随父奔赴武汉雷神山医院施工一线，每天工作16个小时的大一男生徐卓立；有为疫情勇敢发声、创作了歌曲《空城》的北京人大附中高三学子刘翌新……这些孩子都在用自己的方式和力量，为抗击疫情做着贡献。而在他们身上所体现的责任感和担当精神，让人深深动容。

生活不可能永远平顺，总是在出其不意间便给我们摆出了各种难题，我们一定要学会面对困难不回避、遇到状况敢担当。

一个人的责任感越强，将来成材的可能性越大。这份责任感里，包含着体恤苍生的爱心、敢于"逆行"的血性、绝不放弃的坚持，以及舍我其谁的胆量。有勇气、敢担当，成就了孩子的品格，验证了他们的为人，将助力他们终成大事。

二、有知识有智慧

一个人空有满腔热血和冲动是鲁莽的，必须要有智慧的加持，才能在面对任何情况时都判断清晰、沉稳应对、灵活变通。赵珺延"千里走单骑"，把口罩装进5个行李箱，及时找人帮忙，利用手机定位把物品交托给快递公司，想方设法克服各种困难，确实是一个充满智慧的少年。

智慧者具有独立思考的能力，而这种能力的获得离不开平日里多读书、多思考、多提问、多实践。文字汇聚了人类所有的智慧，无论是书本、杂志还是网络，都是阅读的好渠道。借助高质量的阅读，我们会获得更多的信息与思想，才不会在慌乱时人云亦云，更不会在困境中束手无策；同时也能坚定自己的追求，不轻易改变自己坚信的立场。

小小少年，应勇于锻炼自己，努力让自己成为有思辨与自主学习能力的人，遇事能审时度势、应对能有条不紊，这样的人遇事才会心中有底气，眼里有光芒。而这一切，都是因为有丰富的知识储备和智慧的头脑在兜底。

三、有视野有情怀

在生活中，尤其是逆境中，你看到什么，取决于你看世界的角度。有一个叫黄瑞杰的中国男生，成绩不算拔尖，在高二前甚至都没有出国的打算，却凭借着丰富的社会实践敲开顶尖名校的大门，还获得了全额奖学金。他关心国际援助与发展，曾只身前往希腊帮助当地孤儿，曾组织同学为波黑难民筹款……他还根据自己目睹的难民问题，写成关于解决难民问题的论文在学校分享。相比期末考试考第几名，黄瑞杰考虑更多的是怎么去回馈社会、怎么去改变这个世界，努力成为更称职的公民。

在这个偌大的世界，我们每个人都不是离散的个体，而是紧密联结的命运共同体。我们眼中看到的，除了繁花盛景，还应该有世间冷暖。我们应该拥有的，除了眼前的生活，还应该有包容广阔的眼界和胸怀。

疫情当前，弱冠之年的赵珺延能够放弃自己度假的机会，怀着对家乡、对祖国人民的爱，不远万里雪中送炭，将15000只口罩运送回国，让我们看到了他的家国情怀与温暖。

在当今这个时代，我们不再倡导学生一心扑在学习上，"两耳不闻窗外事"；上学和读书被赋予了更深远的意义，青少年被寄予了更深的期待——为中华崛起、为众生排忧、为天下造福祉。

青少年们应该勇于睁开眼睛看向世界，学会担当与责任，学会包容与勇敢，有困难一起面对，有喜悦一起分享。

　　不久前，钟南山先生给全国的孩子们写了一封信。在这封信里，这位国士无双的老者对下一代赞誉有加："你们有害怕，也有担忧；但我更多地看到了你们的勇气和理想。"并且对所有的青少年儿童用心寄语："（愿你们）用知识缝制铠甲，不远的将来，各行各业都将由你们披甲上阵。希望你们不惧艰辛、勇敢前行！"深情的话语里，有谆谆教诲，也有满腔期待。其实，这场突如其来的疫情，的确让每个人似乎都感觉有点"丧"。但是，多难兴邦。磨难既是转机，也是下一次腾飞的起点。以此为契机，用心教育的含义在此刻更加凸显：培养一个优秀的孩子，塑造他们的品性、武装他们的头脑、拓宽他们的格局、撑起他们的胸怀，并教会他们世间一切真善美的品质。往小里说，这是父母和家庭的欣慰与骄傲；往大里讲，则是民族、国家乃至整个世界不断向前的动力与希望。

郭岳的"硬核"自我隔离

莱芜职业技术学院　闫玉霞

　　郭岳是武汉学院会计系一名大三学生。2020年1月22日，他按照原定假期计划从武汉回河北沧州老家。当时，他没有明显的感染症状，但谨慎的他上飞机前做好了充足的防护——戴了3层口罩和手套。两个小时的行程中，郭岳没有摘下口罩、手套，没和任何人交谈。他提前打电话给到天津机场接他的父亲，让父亲带上酒精，给自己全身和行李消毒。晚上郭岳回到家后，立刻主动联系社区说明自己的情况，然后就把自己隔离在了卧室里。他担心自己有情况传染给他人，准备先把自己隔离14天。

　　两天后，郭岳收到同学确诊的信息。他联想到自己1月17日曾出现过咳嗽，虽然没有发烧等症状，但作为密切接触者，担心自己在潜伏期内会传染给他人，于是马上联系社区，说明了情况，当天他就前往医院进行隔离。

　　1月29日，郭岳确诊。2月7日，郭岳出院后担心自己病情会出现反复，回家后马上搬进车库把自己再次隔离起来，避免传染给他人。在车库里生活的郭岳，与家人的交流和沟通基本全靠手机，像一日三餐这样必须做的事，则由父母送到车库门外，随后郭岳再拿回车库。在车库里的郭岳几乎看不到太阳，晚上寒冷，全靠电暖器度过。

2月22日，沧州市人民医院给他打来电话，说有一名与郭岳血型匹配的新冠患者需要血浆，他立即毫不犹豫答应，捐献了200毫升血浆，尽管他自己当时还感到胸闷，身体还没有完全康复。

郭岳前后自我隔离38天，而他的隔离成效也是显而易见的，虽然自己确诊，但他的父母和弟弟无一人感染，也没有其他人因他感染。当他的事迹被媒体报道、被很多人点赞时，郭岳说，他只是做了他应该做的。

（摘编自《楚天都市报》2020年2月28日相关报道）

何以成长

郭岳的硬核隔离，体现了郭岳的理性、成熟和担当，也彰显了当代大学生的风采。

一、科学的认知判断

疫情暴发是一张考卷，不仅考验了我们国家的治理能力和发展定力，也考验着社会中每个人的科学素养。面对疫情，有人紧张焦虑甚至恐慌，有人沉着冷静、理性应对。由武汉回家的大学生郭岳，一路上带着三层口罩，全程防护，回家自动隔离，确诊出院后在车库继续隔离，是因为他对病毒的危害有科学的认识，对病毒的传播性及其应对有足够的认知，对自己从病区来有可能已经感染病毒有精准的判断。这是一种科学素养，这种科学素养是我们这次面对疫情，甚至面对每一次困局取胜的护身符。

二、高度的自律负责

郭岳"自我隔离38天、自己确诊未连累一个人"的消息受到全国媒体的广泛关注，相关话题冲上了微博热搜前列，阅读量达5.6亿人次，得到了大量的点赞，而郭岳却说他只是做了他应该做的。当灾难来临的时候，我们看到有人勇敢、有人胆怯，有人自律、有人欺瞒。归家路上的郭岳，一路严格防护，回家后自觉隔离，是做了疫区不确定感染者应该做的；确诊后积极治疗，出院后又自觉地居住在自家车库，进行自我隔离，是做了感染者应该做的。他一系列的举措，是为了保护家人和他人，为了不给社会和国家添负担，是自己自觉自愿的持守，体现了他对责任的担当。

三、善良的助人品质

郭岳忍受着孤单、寒冷在车库中隔离，在听到有新冠患者需要自己的血浆时，虽然当时的自己还感到胸闷，身体还没有完全康复，却毫不犹豫地捐献200毫升血浆，他说当时心里想的就是"救人要紧"。朴实的话语体现的是乐于助人的善良品质。

2020年春天，疫情发生时，郭岳离大学毕业还有一年半时间，当时的他正在为考研究生做准备。但是，通过他在疫情中的硬核隔离表现，可以说他已经交了一份满分的毕业答卷。《新闻联播》主持人刚强在节目中点赞郭岳"有预判、有行动、有担当""他的做法恰恰是疫情发生以来中国应对措施的一个缩影"。

点睛锐评

青年是时代最灵敏的晴雨表，青年的价值取向决定了未来整个社会的价值取向。大学生郭岳教科书式的隔离，是对担当民族复兴大任的时代新人标准的完美诠释，模范践行了习近平总书记对时代新人的要求——勤学、修德、明辨、笃实，不仅启示广大大学生如何书写自己的人生，谱写大好的青春，更让我们看到了时代新人的风采，这也正是实现中华民族伟大复兴中国梦的希望之所在。

秩序是塔，道德为基

山东省实验中学东校区　　刘维鹏

新闻事件

　　3月11日12时40分，郑州确诊一例境外输入性新冠肺炎病例，这是郑州首例境外输入性确诊病例。患者郭某鹏，3月1日乘飞机至阿布扎比，次日转机又飞往意大利，3月7日返回到郑州。他在短短几天的时间里，包括转机或乘坐其他交通工具，共途经7城！后经大数据比对，发现其有境外旅居史，并被确诊为新增病例。

　　回国后，郭某鹏谎报、瞒报行程，继续在郑州等河南多地狂奔，造成"一人祸害一座城"的重大伤害和损失。郭某鹏之行最终导致其办公所在大楼整体停业，楼内所有单位关闭，工作人员全部隔离。当地政府则动用大量资源去追踪与之有直接或者间接接触的所有人。网友惊呼，整个郑州乃至全河南的抗疫形势倒退至少半月，9600万人的辛勤努力付之东流，损失无法估量。

　　现在初步确定郭某鹏的密切接触者有24人。由于他返回郑州后隐瞒境外旅居史，涉嫌妨害传染病防治罪，公安机关已立案侦查。

　　　　　　　　　　　　　　（摘编自《人民日报》2020年3月11日相关报道）

　　3月4日，廖某君、廖某海等两家一行8人自意大利乘机抵达北京。其中，廖某君、廖某海等4人被确诊为新冠肺炎病例。经调查，2月下旬以来，廖某君、廖某海两姐弟相继出现发热、干咳等症状。更为恶劣的是，他们在登机前使用药物退烧降温，以此逃避检查，家庭成员中还存在不如实填写《中华人民共和国出/入境健康申明卡》的情形。3月6日，北京市顺义公安分局以廖某君等人涉嫌妨害传染病防治罪，依法开展立案侦查。

（摘编自"平安北京"微博2020年3月7日相关报道）

何以成长

面对疫情，绝大多数人能够识大体、顾大局，自觉服从疫情防控要求，主动投身疫情防控斗争，向全世界展示了万众一心、众志成城的中国精神与中国力量。但在这场严峻斗争中，也有像郭某鹏、廖某君、廖某海等个别人，无视他人身体健康和生命安全，枉顾以举国之力不惜一切代价换来的大好形势，刻意隐瞒行程甚至肆意传播病毒，成为国人所不齿的"毒王"，是典型的"利己主义者"，这值得我们深刻反思。那么，面对这种行为，我们该如何看待，又该如何去做？

一、筑牢价值追求的"定海神针"

社会主义核心价值观是中国特色社会主义的文化精髓和当代中华民族的精神底蕴。在这场没有硝烟的战争中，无数人用实际行动践行着社会主义核心价值观——不愿意面对镜头向父母报平安的"95后"女孩朱海秀，原因是"我不想哭，哭花了护目镜没法做事"；2008年汶川大地震的幸存者佘沙毫不犹豫地再三请战终于如愿，她说"祖国和人民需要我们，现在是报恩的时候了"；先后征战武汉三大方舱医院的吴赛丽，她说"不是不知道危险，也不是没有恐惧感，但只要穿上工作服，就不会去想那些危险和恐惧"……工作中的她们"全副武装"，一天下来浑身湿透，脸上压出了水泡，手被汗水泡胀，但却毫无怨言。在她们身上，我们看到了人性，看到了大义，更看到了社会主义核心价值观的光辉。反观这次疫情中出现的"毒王"，表现不一、形式各异，但有一个共同点——自私。就是局限在自己的一亩三

97

秩序是塔，道德为基

分地上，将个人利益置于国家利益和人民利益之上，我行我素、肆意妄为，归根到底是价值观出了问题。有人说，我们与伟人的距离，或许就是在生存之余，能不能把自身的温度传递给更多的人。朱海秀等人传递温度，无私奉献，就是值得我们尊敬的英雄。但若做不到舍弃"小我"，顾全"大我"，至少不能像郭某鹏等人那样损害他人的利益，触碰道德的底线。若每个公民都只贪图个人小利，瞒报、谎报，那他人又该如何生存？国家又该如何发展？

二、构建诚信为本的"道德支撑"

"君子诚之为贵"，诚信，即诚实与守信。习近平总书记从历史维度、价值维度、实践维度对诚信问题做过深刻论述，从战略高度为新时代中国的诚信文化建设提供了基本遵循。"人无信不立。"古有商鞅立木为信，季布一诺千金，曾子杀猪明不欺，这些诚信的故事放到现在，依然不会过时。而反观现在，这场疫情斗争中，郭某鹏等人刻意隐瞒行程，"一人祸害一座城"的行为已经触碰了最基本的诚信底线。与此同时，疫情中谣言频现、假冒伪劣泛滥等失信行为，不仅增加了疫情防控难度，而且给国家和社会造成了极大损失。这让我们更加清晰地看到了诚信缺失的可怕，也更加深刻地认识到诚信对国家发展和社会建设的重要性。

疫情如镜，照出人性的善恶美丑、道德良知。面对这些失信行为，我们并没有坐以待毙。其间，多地为倡导诚信，激励守信，相继推出诚信倡议书、战疫"健康码"、企业诚信十戒、"掌柜不在"消费体验、守信红名单等措施，为加强防疫期间的诚信护航发挥了积极作用。孔子曰："人而无信，不知其可也。"我们要承扬好中华民族重信守诺的传统美德，努力构建"一处失信、处处受限"的失信惩戒大格局，让"守信者一路绿灯，失信者处处受限"。

三、扎紧规矩至上的"制度笼子"

《韩非子》中有一句话：万物莫不有规矩。规矩是保障社会秩序正常运行的前提，是严肃而又充满刚性的，任何组织、集体和个人都要有规矩。疫情初期，最常听的一句话是"终于到了啥也不干，在家躺着就能给社会做贡献的时候了"。看似调侃，实则是对规矩的敬畏与遵守。同样，疫情期间，张文宏医生的那句"闷两个礼拜，你觉得很闷，病毒也被你闷死了"，看似用幽默的方式安抚群众，实际上则是对"坚决留在家中不外出"规矩的严肃提醒。疫情无时无刻不在考验着人们的规则意识与理性。在方舱医院中，有奋笔疾书的高三学子，有安静看书的海归博士，有适时健身跳舞的叔叔阿姨，所有人都积极配合治疗、服从医护命令、听从指挥。虽在生病中，他们却依旧遵守规矩，敬畏制度。

人生有尺，过则为灾。每一次藐视规则的背后，都是一场害人害己的灾难。反思这些"毒王"，因无视规矩、蔑视规矩、践踏规矩而让所有人的努力付之东流，足见其破坏威力。"不以规矩，不成方圆"，规矩是约束，更是保护。针对疫情防控中暴露出来的一些人目无规矩等问题，我们要采取道德文化教育、法律法规学习、严惩违法行为等措施，进一步构建、完善各项制度，加大制度执行的监督检查，不断提高人们的规矩意识，让公民自觉做到"行己有耻"，养成遵守规矩的良好习惯，使遵守规矩内化于心、外化于行，如此才能共同守护好如诗如画的美好生活。

秩序是塔，道德为基

点睛锐评

这次新冠肺炎疫情，是一次危机，也是一次大考。疫情之下的诚信理念和道德操守，正是这次大考中有待深入思考的灵魂答卷。一栋楼之所以会被封，只是因为一个住户瞒报自己的行程。"毒王"们较广大民众而言虽是个例，但其背后折射的是自私、利己的精神漏洞，是我们在诚信体系、道德教化、规矩构建中的薄弱环节，需要我们高度重视，认真总结，吸取教训，切实做好补短板、堵漏洞。没有一个冬天不可逾越，疫情的阴霾终将散开，春日的暖阳必会重新照射每个人的内心。

"自由" 有 "法" 可循

山东省实验中学　任兴华

新闻事件

　　2020年2月7日，浙江省临海市居民谢某与邵某想从某小区后面绿道的封锁处绕行回家，被正在此处执行政府防疫工作的吴某（系街道办事处工作人员）劝阻。两人因此心生不满，开始辱骂、推搡吴某。后来情绪越来越激动，谢某将吴某推倒在地，随即用拳头多次击打吴某头面部，遭到反抗后，谢某捡起边上的水泥块多次击打吴某头部，邵某则用拳头击打吴某的大腿、腰部等处，致吴某受伤。经临海市公安局司法鉴定中心鉴定，吴某头部、右颧部、鼻部多处外伤，损伤程度均达轻微伤。当日，谢某、邵某被带至派出所接受调查，并于2月8日被刑事拘留。12日，临海市人民法院公开开庭审理此案。根据查明的事实，法院审理后认为，被告人谢某、邵某在疫情防控期间，暴力殴打依法执行政府防疫工作的国家机关工作人员，致被害人四处轻微伤，严重妨害了防疫工作秩序，其行为均已构成妨害公务罪，公诉机关指控的罪名成立。最终谢某被判处有期徒刑1年4个月，邵某被判处拘役6个月，缓刑1年。

　　在2月12日这天宣判的另一起案件中，山东济南某食品公司员工邓某不配合公司疫情防控工作，2月3日在没有佩戴口罩的情况下试图强行进入公司，还殴打了防疫人员。不仅如此，在当地派出所民警出警时，邓某还殴打民警，并在该民警将执法记录仪递给辅警的时候，继续追打。

最终，邓某被刑事拘留。济南市莱芜区人民法院于2月10日受理该案，2月12日以妨害公务罪判处邓某有期徒刑10个月。

无独有偶，2月5日，广东省珠海市南屏镇民警在巡查时发现，辖区一商铺大门没有上锁，还隐约传出麻将声和嘈杂的人声。民警推开门后发现，这是一个无名麻将馆，小小的房间里居然有6桌共20余人在打麻将。民警立刻制止了这些人的行为，并将7名涉案人员带至公安机关调查。目前，公安部门已经对麻将馆经营者罗某处以行政拘留7日的处罚。

何以成长

在正常情况下，出行、聚集是否佩戴口罩是个人自由，这一点，我们不能否认。但我们也要知道，任何公民的自由都是有一定限度的，在疫情之下，出行、聚餐是否佩戴口罩就不是个人的事了，而必须循现依法而行。在这里，我们非常有必要探讨一下自由和法律的关系。

一、自由不是恣意妄为

自由是人类永恒追求和探讨的。匈牙利诗人裴多菲《自由与爱情》一诗把人们对自由的追求增加了一份诗意的浪漫，把自由的重要性上升到前所未有的高度。当吟诵"生命诚可贵，爱情价更高；若为自由故，两者皆可抛"时，世人多了一份为争取自由而生的坚毅和决绝。

为了自由，世人可以放弃爱情，乃至牺牲生命。那么，自由到底是什么呢？

"自由"一词很早便出现在古代文献中，东汉末郑玄《礼记注》中就用到"自由"一词。《礼记》卷二说："帷薄之外不趋。"郑玄注释说："不见尊者，行自由，不为容也。"

"趋"的意思是"小步而行，表示恭敬"。见尊者要以"趋"的姿态，表示对尊者的敬意，这是礼的要求。但是在帷薄之外，还没有见到尊者，这时步履可以自由。

中国历来重礼，礼起到了规范个人行为、维系社会关系的作用。帷薄之内要见尊者，这时候个人的行为是要遵守规范的，也就是"趋"。

而在"帷薄之外"，可以按照自己的方式走路。

这里已经说得很明白，自由是一个人独处时候的自在随意，而一旦和他人产生关系，就要遵循一定规则，自由是有边界有条件的。

而让人痛心的是，很多年轻人把不受约束、不受管制、恣意妄为当作自由，把公共道德、行为规范乃至法律视为"束缚"。只要他们感觉受到约束，那么规章制度、道德规范乃至法律法规，都会成为他们非议乃至攻击的对象。

其实他们忽略了一个基本的常识，诚如以上所言，自由是相对的，自由不是恣意妄为。人是社会中的人，人必须遵守维系社会正常运行所必需的约束。自由可绝不是想做什么就做什么，因为一旦离开了规则，每个人都自由行事，结果将是每个人都得不到真正的自由。

孔子也曾经说过，人生的一个境界是"随心所欲不逾矩"。"随心所欲"，就是你可以做自己想做的事情。但是前提是，"不逾矩"，也就是不能逾越规矩。

二、法律规则下才有真正的自由

随着社会发展，"礼"更多的是约束人际关系，而"法"则在维护社会稳定方面发挥更大作用。生活在法治社会的人们，更应该懂得自由和法律的关系。

自由离不开法律。我们可以分两个层次来理解。

第一，自由是做法律所许可的事情，也就是说，法律禁止的是不能做的，做了就要受到法律惩处。第二，法律可以保障和促进自由的实现。第二点对于青少年更加重要。第一点能让青少年对法律产生敬畏，从而规范行为做到守法，这是一种来自外界的强制力。而第二点，认清楚法律在保障和促进自由过程中的积极意义，才会让青少年从内心接受法律，遵守法律，从而使用法律。

下面重点谈谈第二点。法律为什么可以保障和促进自由的实现？

法律把现实的、应有的自由提升为法定的权利；也就是说，法律保证你应有的自由权利。它通过明确自由权的范围，实现对公民自由的限制和保护；可以这样理解，法律告诉我们哪些可以做，哪些不可以做。

法律为公民行使自由排除障碍，为公民的自由提供条件和机会。这不难理解。正如洛克说："法律的目的不是废除或限制自由，而是保护和扩大自由。"

曾经听过这么一个寓言：一条鱼儿终日只能在水中，它心想，如果到岸上，那该多自由啊！于是鱼儿奋力挣脱了水的束缚，来到了岸上。结果可想而知。

对于我们来说，法律就是我们赖以生存的水，它深入我们生活的方方面面，只是有时你感觉不到。而当你感觉到法律存在的时候，你可能就要失去一些自由了。所以，法律那些所谓的条条框框看似在限制我们，但其实是在约束和保护我们。只有弄清自由与法律的关系，我们才能在法律的条条框框下尽享自由，才不会重蹈寓言中鱼儿的悲剧。

点睛锐评

世界上没有绝对的自由，个人的自由必将受到公共道德、法律法规的约束。弄明白自由和法律的关系，对于青少年至关重要。青少年随着身体发育、自我意识觉醒，往往希望凡事由自己做主而不受约束。这时，青少年如果不能很好地明白自由的界限，很有可能诱发家庭矛盾、同学冲突，乃至违法犯罪。追求所谓完全自由的人注定会碰得头破血流。在成长的关键期，只有帮助他们培养健康的自由观，才有助于他们健康成长，进而适应社会。正如习近平总书记所说，人生的扣子从一开始就要扣好。

手持理智之剑，刺破谣言泡沫

济南市中区泉海小学　张庆芳

新闻事件

2020年1月24日，一个名为"魔女小稀"的微博账号发布了一则视频帖文，博主称自己在武汉市红十字会医院，医院内情况已经失控，甚至出现了有三具尸体和病人们一起停留在走廊上无人处理的情况。如此耸人听闻的消息瞬间引发网友关注，很快刷爆了微博和微信朋友圈等各类国内社交平台。这则视频帖文甚至还引起了一些西方媒体的关注。

事件的后续也耐人寻味，这位"在现场的当事人"拒绝了微博平台管理方的核实和认证要求。后经核实，视频系"配音再制作"，博主所述情况纯属造谣。截至发稿前，该微博账号的所有内容都已经被清空。

2020年1月以来，随着新冠病毒的传播，另一种"信息病毒"——"疫情谣言"也飞速地在人们之间传播，如"鼻孔滴香油能够阻断新冠病毒""双黄连可以预防新冠病毒""新冠病毒是人工合成病毒""中国被WHO宣布为疫区，经济将倒退20年"……

（摘编自《环球时报》相关报道）

一、疫情之下，谣言缘何"惑众"？

"武汉医院走廊停尸"这种虚假信息，相信没几个人对此陌生，它在国内疫情暴发初期不断发酵，偷偷地潜入人们的内心，导致社会恐慌情绪的快速蔓延，严重动摇着全面抗疫的信心。

疫情之下，为什么会谣言四起？

回顾历史，不难发现，谣言总是偏爱在重大公共事件发生时现身，这是因为重大公共事件往往牵扯面广，受到格外的关注，民众极易因为过于关注而失去理智。具体到这次新冠疫情，它牵涉到每一个人的安危，关于疫情的任何风吹草动都会被民众抓住进而放大，由于这个病毒又是"新型"的，病毒传播途径、危害严重程度等在一开始都是模糊不清的，这种不确定性令人心生不安，而当人们高度不安时，很容易"病急乱投医"，面对各种信息乱象，来不及对各式消息进行理性的判断，干脆"随大流""宁信其有，不信其无"，继而对各式谣言也"照单全收"。

再者，我们对自己疫情之下的心理缺乏科学的认知。事实上，疫情中，我们面对具有生命威胁的病毒，内心的焦虑不安渴望排解和分享。每个人都神经紧绷、焦虑不安，每天紧紧盯着关于疫情的各种消息，生怕遗漏。似乎只有不断地搜罗各种信息，我们才能让紧张的神经稍事缓解，并在不断的转发中分享自己的不安和焦虑。这种心理很容易被别有用心的造谣者利用，让我们被动成为推波助澜的谣言推手。无疑，为博取关注"唯恐天下不乱"的"魔女小稀"正是利用了大众的这种心理。

谣言之所以能广为传播，还有不可忽视的一点：谣言迎合了某些人内心深处的想法。不可否认，有的时候，传谣者借着谣言，表达出了内心隐秘的情感和心理倾向。疫情中，蓄意捏造事实、抹黑社会的谣言尤其活跃，这反映了当今社会传谣者选择相信造谣者的说辞，而对官方权威信息提出质疑。

手持理智之剑，刺破谣言泡沫

二、谣言止于"智者"

"流丸止于瓯臾,流言止于智者。"要想不被谣言所左右,首先要做一个"智者",换言之,就是要用科学文化知识武装自己——科学是最好的"谣言粉碎机"。随着科学技术的飞速发展,个体与周围世界关系日益复杂和抽象,持续地更新自身的科学知识储备,应对不断发展变化的社会,就显得尤为重要。这些科学知识是我们理性思考和独立判断事物的基石,有了这一强大的基石,相信"朋友圈"里盛传的诸如"鼻孔滴香油能够阻断新冠病毒""新冠病毒是人工合成病毒"等谣言也就难见天日了,因为这些谣言有违最基本的科学常识。

除了不断储备科学知识,我们还应该对谣言的传播方式有一个科学认识。谣言的传播具有"滚雪球"效应,它会在传播过程中变得越来越有说服力。当谣言来到接收者面前时,它还携带着来自群体的舆论压力,企图以此迫使接收者"从众"转发。而在谣言泛滥的微信群里,人们往往发现,对于"亲近的人"发来的信息,辟谣无疑是在告诉他"你真傻连这都相信",殊不知,谣言正是在碍于面子的"转发"抑或"沉默"中暗自积蓄其力量。谣言的这一传播机制告诉我们:个体独立于群体的判断力以及"勇于发声"是谣言的软肋。在"朋友圈"等诸多群体小圈子里,我们应该提升自身的交往理性,画出一块独立思考的"自留地",谨慎分辨各类信息。对于谣言,变"随手转发"为"顺手举报",才能让我们免于成为谣言的"助纣为虐"者。

灾情面前,勿让我们的焦躁助长了谣言的嚣张气焰,科学识别、理性疏导自己的情绪就显得尤为重要,阅报知事、读书静心、室内运动、交流谈心、听听音乐甚至做做家务……这些充实自己的方法都可以缓解特殊时期我们的焦虑和不安,而不加判断、不负责任的"随手转发",只会造就一个乌烟瘴气、令人恐慌的舆论环境,最终受害的仍是我们自己。

当然,我们每个人的精力是有限的,尤其随着科学技术的发展和专业学科的不断细化,我们每个人都应该意识到自己是很多领域的"无知者"。对于自己不熟悉的领域,我们应该告诫自己:隔行如隔山。对科学保持一颗敬畏之心,对待没有把握、未经考证的信息,尤其是那些小道信息、博人眼球的"震惊"消息,首先要谨慎对待,冷静判断。

三、危机面前，应该相信什么？

民众的理性是阻击谣言的一道重要防线。

静心观察，当前全球的疫情形势，我们就会确信，我国政府抗疫相当"给力"：疫情出现时，政府第一时间采取最有力的举措，让科学当道，全国上下听从党和政府指挥，采取封城、居家隔离、驰援武汉等有力措施，短短几个月便很好地控制住疫情，第一时间、最大程度地保证了民众的生命安全……而美国政府在累计确诊感染上百万的情况下，仍让科学"靠边站"，白宫信仰顾问称"特朗普是《圣经》里的大卫，他终将以耶稣之名"宣布胜利"。相比之下，如此种种，不得不让我们陷入沉思，外国的月亮并没有比较圆，对西方的盲目推崇和理想化可以休矣！我们有什么理由不信任自己的社会和国家？身为中华民族的一员，我们又有什么理由不感到自豪呢？

谣言考验着人们对社会的信任，对社会怀疑与不信任又恰恰是培植谣言最肥沃的土壤。信任不是口号，是实实在在对他人、社会乃至正能量的信任，具体而言：信任抗"疫"前线的医护人员；相信官方渠道，自觉屏蔽小道消息；对社会公共秩序怀有信心；相信政府和国家在尽最大努力解决危机带来的问题；对自己的民族和文化感到自信自豪……假若抛开这些对"正道"的信任，对社会总是心怀怨怼，毫无疑问便会沦落为谣言的"靶子"。

点睛锐评 ·········

灾情之下，谣言暗地里潜入人们的内心，试图试探人们的理智，也考验着人们对社会的信任。遥想一百多年前，我们的前辈怀着敬畏之心，不无虔诚地迎来了"德先生"和"赛先生"。如今反观"德先生"和"赛先生"的发源地，民众频繁的"自由"游行、声称"5G传播病毒"等一波又一波的无脑言行，也正告诫我们，要时刻对科学、理性怀有一颗敬畏之心，破除对本国和他国的刻板印象，找回民族自信，对社会多一些信任。

手持理智之剑，刺破谣言泡沫

书籍是最佳的抗疫良药

济南市大明湖小学　李倩然

新闻事件

　　2020年2月5日晚，武汉首批方舱医院之一江汉方舱医院正式启用，该医院主要是用来收治一些症状相对较轻的新冠肺炎患者。当时住院的大多数患者，或者在刷手机，或者在闭目养神；唯独有一位年轻人躺在病床上，手里捧着一本厚厚的书神情专注地读着，而这一幕刚好被记者拍摄了下来。很快，这位年轻人在网上走红，被大家称为"读书哥""方舱医院的一股清流"。后来这张照片传到国外，被这本书的原著作者费朗西斯·福山看到，福山还在自己的社交网络上转发了这张特殊的"读书照"。

　　这位年轻人姓付，武汉人，武汉大学博士毕业，后到美国读书深造，目前是博士后，在美国佛罗里达州立大学教书，学习研究的方向是高分辨冷冻电镜。今年他回家探亲，没想到正好碰到武汉发生疫情，他不幸也被感染。

　　当被问及自己患病的感受时，

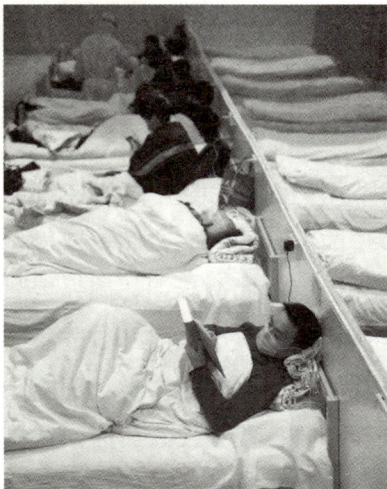

"读书哥"只是平静地说："只要配合医生治疗，相信很快可以康复。"面对走红，他也表示读书纯粹是兴趣爱好，压根没想到自己在网上走红，并表示"希望大家将更多的焦点放在医护人员身上"。经过20多天的积极治疗，"读书哥"恢复不错，于2月28日出舱，由社区对接安排至隔离点，继续观察14天。出舱时他还对病友许下承诺，帮忙照顾他们家15岁的小病友。3月13日下午4点，隔离期满的"读书哥"一切正常，按要求离开隔离点。

何以成长

一、读书是一种力量

疫情是一场灾难，也是一次考验，考验的不仅是我们的身体，还有我们的心态。方舱医院里的网红书生"读书哥"，面对疫情汹汹、自身感染，仍波澜不惊，硬是把冷冰冰的病房当成了图书馆，在读书中获得了直面疫情和挑战疫情的勇气。著名作家毕淑敏说："一个建全的心态，比一百种智慧都更有力量。"疫情固然让人害怕，但只要我们持有"读书哥"般安然的心态和勇气，所有的困难和灾难似乎都化成了一阵早晨的清风，不能够让立足于天地之间的我们为它所吹动。这样看来，读书似乎真正地提高了我们的免疫力，我们身心对疫情的免疫，以及对未来各种困难和挫折的免疫。

读书这件事我们并不陌生，从小我们就知道这是一件大有裨益的事。在阅读的时候，我们总是希望它的好处能够立竿见影。但是读完一本又一本，那些益处毫无踪影，并没有显现的征兆。也许一件事物的属性，是在它所能够发挥作用的时机里面才显现吧。我们阅读的书籍，总能在我们临危时给我们慌乱的心情一丝抚慰，能够让我们在面对危险时保持不惧的心态。身染新型冠状病毒的"读书哥"，在救治的过程中并没有因为身染病毒而恐慌，而是积极追求知识的洗礼，享受知识的沁润。这时候，读书的意义不就完全体现出来了吗？从古至今，我们祖辈通过读书这条途径清除了他们前进途中自然界所发出的许多困难阻碍，也让我们的祖辈在生活中有了更好的物质条件和人文精神。说到这里可能会有人问了，读书怎么可能解决任何困难呢？是啊，读书不会帮助我们解决所有的困难，但可以给我们面对这个困难的勇气，让我们在困难当中去调整自己的心态与情绪，试着再去解决困难。

沧海横流，方显英雄本色。当灾难来临，只有怀着镇定的心态，我们才可以去寻求解决灾难的方法途径。"读书哥"仿佛用他的行为告诉我们，书籍是我们遇到困难的最佳避难所，然而这个避难所，绝对不是为了逃避困难建造的，而是为了让我们去解决困难、面对困难而建造的。所有的困难都是暂时的，在这样的特殊时刻，每个人内心的平静和强大同样是对抗病毒的一剂独特良方。

二、读书是一种习惯

读书如果是个人专利，那么就失去了它的人文性；读书如果是间断更迭的，那么它就缺少了时间的沉淀。读书应该是我们每个人都具备的良好习惯，也应该将这一好习惯融入我们心里，成为我们生命的一部分。我们再来看看"读书哥"吧，在充满感染新冠患者的江汉方舱医院，在身染病毒且还没有有效救治方案的情况下，我们的"读书哥"是怎么样的呢？他在安然且专心地读书。是什么支撑着他在这样的情况下还能专心读书呢？是一种习惯。

好的习惯是不局限于时间和空间的，它是在任何的情境下都能够完整地体现出来的，是在一个个碎片化的时间中体现的，更是让我们受益终生的。我们都知道，读书如交友，读一本书，更像是与一位智者在攀谈交流。在交流的过程中，或颔首蹙眉，或仰头浅笑，知识与智慧慢慢嵌入我们心底最深处，再经时间的陶冶和沉淀，融为生命的一部分。在"读书哥"的身上，读书似乎早已成为他生命的一部分了。疫情期间，"读书哥"能够有着这样的勇气面对现状，不是即刻反应，而是在日常生活中一点点积累的，所以我们在平时就应该保持读书的好习惯。

如此说来，"读书哥"成为网络红人是必然的，因为他有着从小就养成的读书好习惯，并且从潜意识中真正地接受了读书。试想，在周围所有人都从事甲类事情的时候，如果一个人从事乙事，是很容易被定义为异类的。然而我们的"读书哥"不惧别人的看法，只是追求知识和自身素质的提高。这是我们大多数人不具备的心理素质。不管是在生活还是工作当中，我们都极大程度地想通过群体认同来体现自己的价值，很可能去从事违背自己意愿的事，或放弃自己想做的事情，从而没有坚持己见，失去了时间也失去了机遇。就让我们摆脱"追求认同"这一束缚，做自己的"读书哥"，用阅读去灌溉心田，用阅读去提升自己，培养阅读这一好习惯吧！

三、读书可以拓展人生高度与宽度

我们总说"能够摄取必要营养的人要比吃得很多的人更健康"，同样，爱读书的人往往不只是读了很多的书，而是读了很多有意义的书。

读书，是建造心灵的堡垒。"读书哥"在读书过程中不但能够保持良好的读书习惯，还能够阅读一些有意义的书籍，在书本中找到可以让自己心灵获得平静的东西，抛掉使自己头脑负担过重的一切。

读书，它的重点在于我们发出的动作"读"，更在于我们所要读的"书"。在读书的过程，我们要多一份选择性，选对了"书"，我们的"读"才更有意义。

"书籍是人类进步的阶梯"，苏联作家高尔基的这句话则从另一个高度说明了读书的意义：对个人而言，读书使人站得更高、看得更远；对整个社会而言，书籍的存在推动了社会的进步。在知识大爆炸的当今社会，眼光和格局决定了发展的前景，而阅读正是保证思想常青、不落后于时代的重要途径。"学如逆水行舟，不进则退"，没有什么永不过时，只有不断学习和进步才能不落后。读到这里，我们可以扪心自问：我是为了什么目的去阅读的？不论是为了提升职业技能而阅读专业书籍，还是为了增广见闻而博览群书；不论是为了消磨时光而随手翻阅，还是为了学有所得而熟读精思；不论是为了升职加薪，还是为了准备谈资：阅读总有目的。若无目的地读书，则不能称之为"阅读"。同时，唯有明确阅读的目的，才有利于更加高效地阅读。

"读书哥"出舱时，还对病友许下承诺，帮忙照顾他们家15岁的小病友。可见，高效的读书也起着"文以化人"的作用，看似是"文化"，其实更像"德化"。阅读书籍，可以让我们触摸文明的灵魂，探索生命的价值，发现世界，分享喜悦。这在"读书哥"的身上足可窥见一二。我们不禁好奇"读书哥"为什么会这样做。原因只有一个，是因为他有着纯粹的感情，他对别人怀着更多的爱。正如英国著名的物理学家牛顿说的那样："如果说我比别人看得更远些，那是因为我站在了巨人的肩上。"事实上，获取真理和知识都是站在巨人肩膀上的。《劝学》中说："君子性非异也，善假于物也。"那么借助书籍，能够让我们看得更远，看得更广。

点睛锐评

2020年，武汉，这个城市成为全世界瞩目的焦点。武汉"读书哥"，让我们从一个人身上看见一座城的希望。或许是读书给予了他无穷的力量和智慧，在方舱医院，众人皆乱唯他独静。国家有难，我们需要更多的"读书哥"，让我们站在巨人的肩上看世界，能看得更通透长远，更容易从眼前错杂纷乱的状况中看到前进的希望，找到行之有效的应对之策，用知识筑起大无畏的精神长城，用双手帮助他人、帮助家园。高山仰止，景行行止，虽不能至，心向往之。只要我们真正地进行读书和保持读书这一习惯，在未来，我们每个人都会成为自己心中的"读书哥"。

凛寒冬夜的指路明烛

山东师范大学第二附属中学　李方美

新闻事件

悬崖上的课堂

　　四川省广元市，15岁女孩杨秀花为了上网课，每天早晨6点多就要出门，走一个小时陡峭的山路，来到距家4公里外的悬崖下，窝在崖壁边上课，因为只有这里有信号。她天天在悬崖边学上10个小时，到下午5点天黑了才准备回家。馒头和包子是她一天的粮食。杨妈妈心疼她，想给她带点热饭菜，但由于山路陡峭，杨秀花怕妈妈跌倒，不让她来。杨秀花说："我想好好学习，考个好大学，虽然学习不是唯一的出路，但在当下来说是最好的出路。说实话，在这儿学习我也不以为辛苦和冷。"

（摘编自"中国新闻网"相关报道）

昏暗灯光下的蹭网女孩

河南省洛宁县，一名14岁女孩因疫情期间要上网课，家里又没有网络，只好每天到村支部蹭网学习。照片里，女孩端坐在昏暗的灯光下刻苦用功，父亲则默默蹲坐在角落陪伴女儿。村支书说："我是教师出身，一看到孩子认真学习，心里就很感动。"为了营造良好的学习环境，村支书每天一早一晚，都会把屋子附近消毒两遍。报道一出，不少网友表达了敬佩之情："不骄不躁，荣辱不惊，很踏实的一个孩子。""古有凿壁借光，今有寒夜'蹭网'。"无论多么艰苦的环境，女孩都没有忘记读书学习。虽然现在情况很难，但相信，只要坚持读书，就会有希望！

（摘编自"网易新闻"相关报道）

方舱医院的书桌

湖北省武汉市，17岁的黄玉婷是武汉市第三十九中的高三学生。1月末，新型冠状病毒肺炎疫情肆虐了整个武汉，黄玉婷一家也不幸被感染，她和外婆外公均被确诊为新型冠状病毒肺炎患者，一同被送往了医院进行治疗。

由于黄玉婷病情较轻，她被送到了武汉方舱医院。与其他病人不同的是，黄玉婷住院的时候，病床上最显眼的东西就是她带来的一大堆读书资料，从此病房里多

了一抹靓丽的色彩：在黄玉婷所住的583号病床的旁边，多出来一张书桌，每天黄玉婷都安静地坐在这张书桌旁，一边通过平板电脑进行着网上学习，一边忙碌地做着笔记，书桌上堆满各种各样的学习资料。除去检查治疗的时间，黄玉婷大多数时间就在病房里读书学习。她说："我已经读高三了，现在距离6月份的高考已经不到100天，如果因为生病住院而耽误了学习，就有点对不起大家这么照顾我。所以我一定要努力学习，考出好成绩，因为只有这样，才不会辜负住院这段时间大家对我无微不至的照顾。加油！"

（摘编自"中国日报网"相关报道）

何以成长

2020年的初春，一场突如其来的疫情给整个国家按下了暂停键。医护人员纷纷请战驰援武汉，商场停业、企业停工，市民宅在家里为国家做贡献。全国上下共同抗击疫情，坚定决心打赢这场疫情防控阻击战。在这样的大环境下，孩子们开启了特殊的学习模式——网课。但是，由于学生主体能动性发挥在一定程度上存在差异，有的孩子即使在家也能合理地规划学习，有的孩子却玩手机、看电视，渐渐对学习失去了兴趣。面对这样的现象，德育的"参与感"和参与程度便有了其独特的意义和不可或缺的价值。

一、人学始知道，不学非自然

新闻中的孩子们，身处在陡峭寒冷的崖壁上、端坐在昏暗的灯光下、读书于方舱医院的病床上，外界的条件和环境是多么艰苦恶劣，孩子们却从未放弃对学习的坚持。这是为什么呢？就像杨秀花说的："我想好好学习，考个好大学，虽然学习不是唯一的出路，但在当下来说是最好的出路。"正是因为学习是在为自己的人生开辟出崭新的道路，让条件艰苦的孩子有希望走出现实的囹圄，沐浴在未来希望的阳光下；正是因为学习是在用自己的努力为美好的明天而奋斗，让身处焦虑的孩子看到不远处的一道曙光。

疫情之下、云课堂中，总能听到家长对"小神兽"们的抱怨：赖床、不愿按时上网课；没有家长盯着便开始娱乐，总是不认真上网课；一到网课的时间就要去忙别的事情，一提交作业就头晕等。许多孩子学习时间不长却总是抱怨读书辛苦，家长们亦无招架之功，搞得疲惫不堪、身心憔悴。是的，读书确实辛苦，但是比起生活中其他的道路，读书是充满希望的道路，是通向未来的道路，也是最有可能获得收获的道路！

曾看过这样一个故事。儿子问父亲："人为什么要读书（学习）？"父亲说："一棵小树长一年的话，只能用来做篱笆，或者当柴烧；十年的树却可以做桁条；等到长了二十年，它的用处就更大了，可以做梁、做柱子，也可以做家具。"学习，不仅能够让我们生存，而且能让我们拥有充实的生活；学习，就是给生命灌溉施肥，如果不学习，人的生命就会枯萎。许多学生认为只有在校才能学习，其实不然，学习不仅仅局限在学校之中，我们所看、所听、所尝、所触，都可以是学习，在教室里是学习，在野外实践也是学习。外在环境纷繁复杂，有许多不确定的因素，这是很正常的，也是很难预料的，但是我们要学会在不确定中寻找确定性。比如，今年疫情的发生是不确定的，但疫情之下的学习是确定的。不确定的事情发生了，我们要积极应对，那么至于确定性的事情则更要坚持始终，更何况是为了保证学生的学习。古人云："道德由学而进，才能由学而得。"在学习中，我们分享经验，获得成长，同时也增益他人，服务社会，为幸福生活奠基。

二、书山有路勤为径

在学习的过程中，孩子们也会生发出许多的困惑。比如，该如何去学习？如何去取得更好的学习效果呢？新闻中在悬崖边学习的女孩杨秀花做好了充分的计划，每天严格按照时间安排进行学习；河南的蹭网女孩每天离开温暖舒适的家到寒冷的村支部外学习，每日坚持并且高度自律；方舱医院的黄玉婷根据高考的时间做好规划，明确具体学习任务……

目标指引学习的方向。学习的道路上布满荆棘、没有捷径可走，唯有脚踏实地、勤奋努力，才可成功。就像新闻事件中的孩子们，她们都有自己明确的计划与目标，不论外界环境如何变化，不论条件有多艰苦，她们都能始终如一地按照自己的目标笃定前行。一个有远大志向和明确学习目标的人，学习兴趣会浓厚而持久。疫情之下，线上学习的孩子们缺少老师面对面的管理与督促，更应该严格管理好自己，明确自己的学习目标和计划，让学习落到实处，在学习中增长知识、提升能力、学会行动，不要花自己的时间去羡慕别人的人生。此时更应该借用《牧羊少年的奇幻之旅》中的一句话："当你全心全意梦想着什么的时候，整个宇宙都会协同起来助你实现自己的心愿。"

自律成就优秀的人生。你想要有多优秀，就在于你有多自律。最近孩子都开始上网课了，不少家长反映说孩子隔着屏幕学不进去，看到同学们发弹幕感觉很新鲜，时不时就要走神，完全感觉不到在校学习的那种氛围。还有的学生在假期开始时斗志满满，给自己制订了严格的学习计划，坚持没几天却把注意力转移到了电子产品上，时间便在不知不觉中悄悄溜走。有老师的评论一语中的："疫情过后，学生会出现明显的两极分化。自律的会越来越优秀，优秀一大截；不自律的，糊弄假学，就会遥遥落后。"这些不自律孩子们的经历各有不同，却都有着同样的结果——浪费了学习的时间。而那些自律的孩子呢？每天强迫自己早睡觉，睡眠质量有了改善，上课的注意力更加集中；每天阅读半小时，腹有诗书气自华；每天坚持预习和复习，达到事半功倍的效果；每天坚持运动，精神面貌焕然一新。自律的孩子未来的道路也会因此变得越来越清晰，进入理想的轨道，让自己慢慢变得有能力去获得想要的一切。

三、明确责任，敢当大任

在方舱医院坚持学习的黄玉婷这样说："我一定要努力学习，考出好成绩，因为只有这样，才不会辜负住院这段时间大家对我无微不至的照顾。加油！"在对自己的加油和鼓励中，映射出在这段特殊的抗疫时期大家需要明白的一件事——每个人身处于时代中，便是这个时代的一分子，便要承担责任，做出自己的贡献。

从84岁再战疫情的钟南山，73岁奔波一线的李兰娟，57岁与疾病赛跑的张定宇，到许许多多义无反顾冲上前线的"80后""90

后""00后"，危难面前，每一代中国人都在用行动书写使命和担当。他们是平凡的父母，亦是平凡的子女，更是我们的超凡英雄！这些有担当的奋斗者们，用行动向我们传递着抗击疫情的正能量。在人生的不同阶段，不同的人在社会生活中扮演着不同的角色，承担起了不同的使命与责任担当。

点睛锐评

　　云课堂对学生的学习来说是块试金石，希望学生能够明确学习的意义，知道为什么要去学习，内心坚定地去完成自己的任务。要确立目标，树立理想，加强自我管理，增强自律与自我约束。而在漫漫的学习路程中，更是要逐步明确自己的责任。借用钟南山院士对青少年的期许——"用知识缝制铠甲，不远的将来，当你们走出社会，在各行各业都将由你们披甲上阵。你们是未来的接班人，希望你们好好学习，投身于祖国的建设，不惧艰辛、勇敢前行！"

只要是善，哪怕微小

济南舜文中学　李金辉

新闻事件

　　新冠肺炎疫情暴发的第一时间，众多企业家、演艺从业者等公众人物纷纷捐出抗疫善款，包括吴京、黄晓明等人。

　　公众人物的善举依靠其自带的高曝光率被人们所了解、所称赞，其实，有很多默默无闻的平凡人也在疫情当中尽自己所能捐献出了自己的全部爱心。刚上小学一年级的郭某将三个口罩和自己攒的18元钱送到了物业门岗，并留下了一张字条，上面写着对执勤工作人员最真诚的感谢。某小区业主刘女士也在疫情期间时刻关注着本小区的防疫动态，看到物业每天数次的消毒、免费发放消毒水、代购蔬菜或药品、代送上门等服务，她深感社区防疫人员的辛苦和不易，便自发寻找渠道，排队几个小时，为防疫人员买来整整70壶酒精和消毒液。看到刘女士只身一人带来这么多防疫物资，正在值班的工作人员感动地流下了眼泪。疫情肆虐，各个小区的防疫人员却仍然坚守岗位，而普通人的种种善举，也在积极向我们传递着爱心和希望。

（摘编自"腾讯网"相关报道）

　　新冠肺炎疫情的蔓延牵动着全世界人的心，全国都站在抗击疫情的统一战线上，团结一心，共同克服困难。艺人们也充分发挥自己的社会影响力，积极为武汉为抗击疫情送上物资和资金。通过各大主流媒体的统计，为武汉、为抗击疫情捐款的艺人总计180余位，总金额达到1.4亿。除了资金之外，还有防护服、口罩等紧缺物资。当不少媒体将艺人捐款曝光，甚至排名时，谁捐得多？谁捐得少？谁没出现在捐助名单上？网上热议一片，众说纷纭……其实每当国家、社会出现灾情，公众人物的善举总会成为头条热点。到底应当怎么正确看待善？我们每个人都需要重新审视自己和别人，再一次厘清自我的价值观体系。

一、"勿以善小而不为"——善心第一

　　"勿以善小而不为，勿以恶小而为之。"什么是慈善，慈善就是慈悲、善行，是怀着慈悲的心去做善良的举动。

　　记得曾经有个故事。一个富翁出门，路边一个乞丐向他乞讨，他就伸手到口袋里去拿钱想要给他，可是一摸兜才发现，今天出门忘记带钱，于是他不好意思地对乞丐说："兄弟，真是对不起，我今天出来忘记带钱了。"那个乞丐高兴地说："老兄，你是叫我吗？这是我今天听到最好的话了。"慈善真正的意义是什么？不是拿出多少钱，而是你怀着一颗善心在做事。重要的是捐款人的心意，而不是捐款数额的大小。

　　艺人也罢，普通人也好，任何人的善举、捐助不是比赛，发自内心去做才更有价值！用收支比例来衡量爱心多寡，岂不是从一开始就误入了攀比的歧途，背离了慈善的初心？不要让语言变成压力，不要让行善人害怕捐助，不要让网友的评语成为伤人的利刃，不要让慈善变成绑架，慈善的是心，不是数字。

二、"宽容比自由更重要"——扬善为本

　　在社会慈善中，人们经常赞扬捐款的穷人。如果捐款的数额一样，人们往往认为较穷的捐款人更关心他人，更加善良，而觉得较富有的捐

款人不够慷慨。

相关研究人员曾做过一项研究，通过三个实验探讨并解释了捐款者的社会阶层如何影响其亲社会名声。研究者发现，人们会根据捐款者的贫富程度和实际的慈善贡献来推断捐款者助人动机的真诚程度，进而赋予其亲社会名声。由于穷人的助人动机更容易被识别为真诚的，因而更可能成为道德榜样，激励他人见贤思齐；而对于富人的亲社会行为，除了从责任层面激发以外，还需要强调其动机的真诚性和社会效益的明显性。无论助人者的社会阶层如何，全社会都应积极肯定其善举，激励人们做善事。

我们不可否认，有时候公众人物的慈善虽然不一定出于高尚目的，但一定属于高尚的行为。所以即便是作秀式的善举，也需要理性地认识，认可其善良行为带来的正面影响。

道德是以善恶为标准，调节人们之间和个人与社会之间关系的行为规范，但只宜律己，不能律人。捐款应该是个人自由，善事也有很多途径，并非只有捐款一条途径，不应该单单以金额多少来简单判断一个人的善心。比起批判抨击没有捐款或者捐款少的艺人，更应该做的是赞赏那些愿意有实际善举的公众人物，无论其奉献多少。艺人拥有更多的号召力，不管他是为了个人形象而做还是发自内心的善举，都可以影响更多的人投入做善事的行列里来，我们要做的便是宽容对待、理性认识、扬善为本。

三、达则兼济天下——责任担当

记得马云曾在一次演讲中说："当你拥有100万的时候，这些钱可以是你自己所拥有的；可当你拥有几十，甚至是上百亿的时候，这些钱就不是你的了，这些钱也不仅仅是钱，而是一种社会责任，要用这些钱为社会做出更多的贡献。"这很好地诠释了"达则兼济天下"的胸怀和格局。

社会公众人物无私的捐赠使有需要的人真正获助，利用自身的影响力，号召更多的人加入做慈善的队伍中，唤起更多人内心的善。姚明捐献骨髓，带动了越来越多人加入捐献骨髓的善行中，救助了更多的患者。更多公众人物的"责任担当、善兼济天下"的春风，一定会绿遍"和谐社会"的江南岸，带来"乐善好施"的明媚春光。

点睛锐评

"也许我是一道微光，却想要给你灿烂的光芒。"每一个社会成员或大或小的善念，都值得点亮，也应该点亮。全社会营造宽容友好、善意满满的社会环境，共同呵护善念，保护每一个社会公民行善的热情，就能让善念渐渐放大并转化成善行，让善的种子生根发芽。

"你站立的那个地方，正是你的中国。你怎么样，中国便怎么样。你是什么，中国便是什么。你有光明，中国便不黑暗。"人人做好事、行善事，我们的社会将会更加美好！

循着内心的光亮

济南市历城区初级实验中学　颜秋茹

新闻事件

美国伊利诺伊州发生一桩悲剧，一名54岁男子因怀疑夫妻二人都感染了新冠病毒，先开枪打死了59岁的妻子，随后自杀。据该夫妇家人称，妻子谢丽尔·施里弗在案发2天前做了检测，并表示自己觉得呼吸困难。然而在进行尸检后，两人被确认均未感染新冠病毒。

（摘编自《每日邮报》2020年4月6日相关报道）

何以成长

在2020年新型冠状病毒肺炎全球蔓延的大背景下，这则新闻依然让人震惊。新闻中的主人公仅仅因为怀疑自己感染新冠病毒，在未确诊的情况下就选择了结束生命。

震惊之余，不免思考。怀疑的背后是什么？是极度的恐惧？是非理性的认知？是资源系统的缺失？是生命意识的淡薄？还是……人生苦难重重。每一次面临灾难，是选择勇敢直面还是逃避退缩，是我们每一个人都要面对的人生课题。

一、做好情绪管理：觉察、接纳、共处

2020年，新型冠状病毒肺炎汹涌而来。人们的反应也随着疫情的发展而变化着，有的紧张，有的恐慌，有的出现了躯体症状等。这些在特定刺激下产生的反应，心理学上我们统称为"应激反应"。适当的应激反应是有积极意义的，而过度的反应则会带来难以预料的后果。

其中，情绪反应是最容易被觉察，也是最容易受其影响的。

焦虑和恐慌是疫情中大多数人最常见的情绪反应。而新闻中主人公的思想深层，则是恐惧，极度的恐惧：对确诊后痛苦的恐惧，对不能治愈新冠肺炎的恐惧，对医疗资源短缺的恐惧……当我们与负面情绪相遇时，狭路相逢勇者胜。如果我们不能及时觉察，被负面情绪主宰，人就容易丧失理智，被情绪左右。周瑜被诸葛亮三气而亡，新闻中的主人公因恐惧选择了极端行为，都是没有做好情绪管理而发生的不良后果。

反之，如果我们能够觉察它，接纳它，就有了管理情绪的基础。继而去探索情绪背后的需要，再去试着满足情绪背后的需要，我们就能够逐渐学会与负面情绪和平共处。在不断升级的情绪管理中，打败情绪小怪兽，建立起灵活的情绪反馈系统。

二、理性认知，去伪存真

每当灾难来临，人们总是容易陷入混乱。尤其在信息化时代，消息的传播又具有速度快、媒介多、数量大等特点，我们极易受到干扰。因此，在这纷繁的信息中，理性认知，去伪存真尤为重要。

在《少有人走的路》中斯科特曾写道："我们对事实越是了解，处理问题就越得心应手；对事实了解越少，思维就越是混乱。虚假、错觉和幻觉，只能让我们不知所措。"

其实，判断消息的真伪并没有那么困难，有时只需要一个电话，问一问就清楚了。

新闻中的主人公自己"觉得"呼吸困难，"怀疑"感染了新冠病毒，都是没有经过科学验证的想法，并非事实，再加上当事人对这些想法的深信不疑，导致了悲剧的发生。

黑暗中，如何找到自己的灯塔？心理咨询中，有一条重要的原则就是要帮助来访者澄清事实与自己的想法。它们之间有一条若隐若现的分界线，需要我们来进行认知解离。所谓认知解离，就是跳出想法，退到一旁看着它们。就像看恐怖电影时，我们需要退回到观众的位置，意识到自己活在现实世界而不是恐怖电影中。就像新闻中主人公的"觉得、怀疑"，都只是想法，而不是事实一样。如果他们能够科学地认知新型冠状病毒肺炎，能够区分事实和想法，就应当知道自己还没有被困住，没有陷入不可挽回的境地。

同样，现实生活中，每当遭逢困境，如果我们能够理性认知，静心判断，就很容易走出枷锁，回归正常。

三、建立资源支持系统

当你有同伴的时候，你就更有勇气，不是吗？我们知道我们不再孤单……而是很多人在一起。

——《嘿，人》

新闻中的主人公在怀疑感染后选择极端的行为，其重要原因之一就是他们夫妻二人缺乏自己的资源支持系统。有一则延伸新闻，报道称丈夫的母亲前些日子的过世对其造成了刺激。母亲，作为个体资源系统中最重要的存在发生了变故，对其而言亦是巨大的打击。此时，若他们还有其他可以依靠、可以信赖的朋友或者家人，有着可以倾诉或是痛哭的对象，有着可以提供帮助或者庇护的场所……悲剧完全可以避免。

我们不妨思考以下几个问题：

◇遇到困境时，我们可以向谁倾诉？

◇周围是否有同行者？是否可以经验共享、互相鼓励？

◇可以向谁去求助？

◇谁可以提供帮助？

◇哪些人、哪些机构可以成为我们利用的资源？

◇哪些人、哪些地方可以为我们提供最后的庇佑？

当我们以自己为中心，画出一个圆时，围绕在周围的人或物就可以成为我们的救生圈。在你即将被狂风暴雨吞没时，将你从摇摇欲坠中托举起来。

哲学家弗洛伊德讲过一个故事：一个三岁男孩在一间黑屋子里大叫："阿姨，和我说话！我害怕，这里太黑了。"阿姨回应说："那样做有什么用？你又看不到我。"男孩回答："没关系，有人说话就带来了光。"

我们的家人、朋友、或近或远的各种关系，都是我们最触手可得的资源。当我们陷入困境时，伸出的每一只手，即使力量微薄，也都能让我们心生慰藉。就像一道光，照亮脚下的每一步。人，不能活成一座孤岛。建立资源支持系统，为未来做好准备。

四、活出生命的意义

生命教育，在德育的架构中不可缺席。多少人曾尝过生命的美妙与多彩，而生命的坚韧不屈苦涩艰辛，却少有人愿意尝试。

新闻中主人公的选择，显然低估了生命的韧性，轻视了生命的价值，对待生命缺乏尊重与敬畏。

面对生命的挑战，这绝不是唯一的选择。不去直面挑战，又怎会实现生命厚度的延展？

十几年前，当我还是一名学生时，对汪国真的《热爱生命》尤为喜爱。直至今日，其中两句"只要热爱生命，一切都在意料之中"对我影响至深。

当我们真正理解并接受生命中的艰难苦痛是常态时，我们就能释怀，在面对生命挑战时积极、乐观，在活着的每一天，为它赋予意义。

哲学家尼采说："在积极心理学中，强调意义的四要素，包括目标、价值感、效能感和自我价值感。当我们用自己的全部力量和才能去效忠和服务一个超越自身的东西，具有超越性时，就有了意义。懂得为什么活着的人，无论什么样的生活他都能忍受。"

　　人生，不易。有时阳光明媚，有时雷电风暴，黑暗的日子似乎总是特别漫长。问题一个连着一个，各式各样大小不一的磨难或是困境总在考验着我们。每当此时，一个人的心理弹性就显得格外重要。如果都像这则新闻中的主人公那样，选择逃避与极端，无论对于学生还是成人而言，后果都会是灾难。咬紧牙关，循着内心的光亮，忍受生活的艰辛与磨难，是跨向人生新境界的入场券。愿我们都能做好情绪管理，理性认知，在资源系统的支持下，活出生命的意义，实现生命的成长。

37℃的民主与科学

山东省济南第一中学　王　正

新闻事件

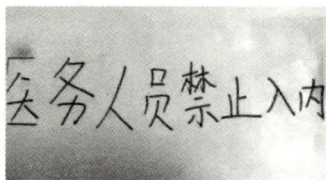

2020年2月上旬，全国新冠肺炎确诊人数突破6万，全国42000多名医务工作者驰援湖北，每一个医务工作者都在为抗击疫情不间断地努力着。但就在这危急关头，却出现了这样的声音：

"医护禁止入内：被当成瘟神的医生和护士，救完人却不能回家。"

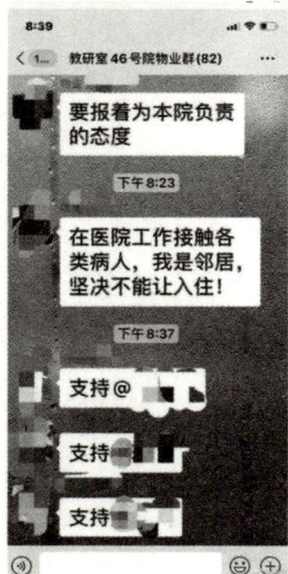

河南南阳某小区物业要求业主"抱着为本小区负责的态度"投票表决是否让在医院工作的业主回家。聊天截图显示，有一部分业主不希望他们回来。在医院工作的业主下班回家时，甚至发现小区门口贴上了"医务人员禁止入内"的公告。大门处更是有人阻拦着：你们进来要是身上带着病毒，传染给我们算谁的！后经警方和医院领导的多方协调，辛苦一天下班的女护士在寒风中等了4个多小时才进入小区。经医院汇报，南阳市防控指挥部已发布通知，解决医务人员出行问题，制作临时工作证作为通行证。

（摘编自"腾讯网"2020年2月17日相关报道）

何以成长

一、"准不准进"VS"该不该进"

我们设身处地换位思考，可以理解该小区居民在疫情如猛虎下山般袭来时的畏惧，可以理解他们对可能增加被感染风险的担忧。但是，对物业的"措施"——搬出所谓"民主投票"这一套来应对他们臆想的危机，是不可理解的。"医护不准进"这个决定，小区任何人员都不应更无权这样做，这与"负责的态度"无关。下班回家的医务人员也是业主，只要他们按要求合格通过防疫检查，就应同其他业主一样回家，这是他们作为业主拥有的基本权利。

小区居民和物业人员既然已经了解到本小区有在一线辛苦工作的医务人员，理应提前考虑一下如何更妥善地解决好他们顺利回家的问题。这就涉及一个思维方式的分歧：是用"堵"还是用"疏"的方法来解决问题。

在这一新闻事件中，"堵"就是禁止其入内、强制隔离，但这根本解决不了问题，反而会引发对立，使矛盾激化；而采用"疏"的思维方式，比如开辟一线防疫工作人员专用检测通道、严格执行防疫消杀措施等就可以较好地解决问题。这样既让小区居民安心，又让工作在一线的业主们感到被关怀的温暖。所以"准不准进小区"的问题应当转化为"如何妥善地让通过防疫检查的业主安全进小区"的问题。

至于"该不该进"的问题，对于一线医务人员，虽然工作时已经严格按防疫要求做好防护，但毕竟是在高危环境中工作过，如果能主动提前告知小区物业并承诺做好专业防疫措施或实施相应隔离防护，相信

37℃的民主与科学

小区居民会更理性、更放心地理解他们。医务人员"该不该进小区"的问题可以转化为"医务人员如何主动采取防护措施消除居民恐慌"的问题。可喜的是，从1月底开始，全国各地统筹协调酒店、仓库、公共场馆等设施对一线医务工作者免费开放，这一举措成为让他们安心工作、让社会放心的有力保障。战"疫"胜利，需要全社会的相互理解和支持。

二、民主的力量 VS 多数人的暴力

小区物业动用所谓"民主投票"的方式聚众形成强势舆论压力，导致矛盾激化。物业人员的行为绝对称不上民主，不合理也不合法，这是多数人的暴力。

所谓民主，不是由人数多少决定的。

这得从现代民主的合理性根源上看。合理不合理，不看人数多少，而要看民主运行的结果是不是符合当时的目的。现代宪法体系中，民主的目的主要有两个：首先是保护公民的基本权利，比如自由和平等权；除此之外，还包括实现特定社会群体的共同目标，比如我国宪法序言里就明确规定，集中力量实现社会主义现代化是国家的根本任务，是中国各族人民的共同事业。从目的出发，就注定对民主要采取一种求质不求量的理解方式，只要符合了现代政治所追求的目标，就是好的民主。也就是说，判断是否民主要看是不是符合目标，而不是看人数。

而我们平时接触到的大众观念似乎是这样的：参与人数越多的民主，甚至是全体公民直接参与的民主，才是更好的民主政治。这种理解是片面的。尽可能扩大参政议政的公民基数，这是典型的古希腊式的直接民主概念，这样的民主曾经直接导致为自己辩护的苏格拉底被判死刑。几千年过去了，现代国家形态较古希腊城邦有了巨大的差异，这种古希腊式民主听上去很理想，但已经完全无法适应现代社会的要求。

在本篇新闻报道中，"降低疫情风险"才应是民主行动的目的，而小区物业要求业主"抱着为本院负责的态度投票"这一行为就是在误导投票人。这一操作的内在逻辑是：投赞成票就是所谓的"对本院负责"，投反对票就成了对大家不负责。业主投票的目的直接指向"隔离医务人员"而不是"降低疫情风险"。在这种人为误导、目标设定错误

和道德绑架背景下的投票，根本就不是"负责的态度"，更谈不上民主了，这是在打着民主正义的旗号实施多数人的暴力。

对此问题较合理的解决方法是：小区业主委员会先征集医务人员安全回家的具体方案，然后经充分讨论投票通过最佳方案，业主监督落实。这才是彰显现代民主力量的正确方式。

三、科学理性 VS 人文温度

其实，只要有基本的医学防护常识，我们就根本无需担心医务人员把病毒带回家。早在疫情初期，钟南山院士就说明：即使在隔离病房接触患者，医务人员也会经过正确的消毒防护措施和院感防护措施。他们离开病房和医院时不会携带病毒。

正是医务人员高强度、高压力、超负荷的工作才换来了疫情防控的阶段性成果。广大医务人员坚守岗位，弘扬了"敬佑生命、救死扶伤、甘于奉献、大爱无疆"的医者仁心，不能让他们流汗之后再流泪。无数医务人员用责任兑付信任，用生命托举使命，是我们和病毒之间最直接的防火墙。如果不及时制止阻拦医务人员回家的做法，最终将会导致社会人际关系的冷漠与互不信任。

时代呼唤科学理性，时代呼唤人文关爱！自五四运动以来，民主和科学精神逐渐深入人心，理性思维开始主导未来。科学防疫是我们战胜新冠肺炎病毒的最有力武器。但是，我们也应清醒地认识到：科学理性需要为人服务，需要有温度的人文关爱，一味地防疫隔离会让我们陷入盲目与冷漠。只有将人文关爱融入科学理性，它才能成为无所不能的金钥匙，打破人心隔阂，破解疫情危机，开启未来之门。

四、制度保障才是王道

"为众人抱薪者，不可使其冻毙于风雪。"尊重医务人员，是我们的责任与素养要求。疫情暴发之初，习近平总书记就指出要关心爱护参与疫情防控工作的医务人员，并专门做出重要指示：强调医务人员是战胜疫情的中坚力量，务必高度重视对他们的保护、关心、爱护，从各个方面提供支持保障，使他们始终保持强大战斗力、昂扬斗志、旺盛精

力，持续健康投入战胜疫情斗争。全国340多支医疗队、42000多名医务人员火线驰援湖北，为国内疫情防控立下了汗马功劳，是新时代最可爱的人，理应受到鲜花与掌声的回报。

这次疫情防控阻击战中，我们既看到了医务人员以生命守护生命的"最美逆行"，也看到了广大病患、家属乃至全社会的感恩之心。从武汉当地农户为驰援湖北医疗队送来土特产，连锁酒店为医务人员免费提供食宿，到四川省火锅协会倡议为驰援武汉的医务人员免费提供一年的火锅，再到大学生们为医务人员子女提供线上义务家教服务……这些来自普通老百姓的暖心之举，彰显了人民对这些抗疫战场上白衣天使的感恩与回馈。这些白衣执甲、以命相拼的英雄，理应受到如此关爱。

我们既要鼓励全社会关爱医务人员，也要及时建立相应的保障制度，让他们无后顾之忧。各地按照党中央国务院要求，出台了许多关爱医务人员的政策。2月初，济南市教育局落实市委市政府相关要求，开展了"温暖在线"教育行动，以"跟进关怀""心灵抚慰"和"创树榜样"等创新方式全面体现教育对疫情防控一线医护工作人员子女的关爱，做好一线医护工作人员子女的坚强后盾。

从长远来看，致敬医务人员，最好的方式就是建立关爱医务人员的制度机制。尊医重卫，就是要通过建立更加有效的制度规则，形成关心爱护医务人员的长效机制。只有尊医重卫成为良好社会风尚，才能促进更多优秀医务人才投身公共卫生领域，更好地保障和增进社会公共福祉。致敬疫情防控中的英雄，需要我们把礼赞化为硬核保障，用制度关爱白衣战士。

点睛锐评

制度保障是人文关爱的落实，科学理性则是伟大科学精神的体现，是彰显民主力量的基石。越是在紧急时刻，有温度的民主与科学精神就越发重要。疫情当前，没有人是一座孤岛，没有人可以置身其外。我们需要隔离病毒，但绝不是隔离人心——每一个人都需要有这份共识与担当。弘扬民主科学精神，温暖整个世界，需我辈携手共进，共建人类命运共同体的美好未来！

瑕不掩瑜，"延"之有理

——从高考延期的社会吐槽想到的

山东省济南第三十四中学　高冬梅

新闻事件

　　2020年3月31日，教育部发布了《关于2020年全国高考时间安排的公告》，2020年全国普通高等学校招生统一考试（以下简称"高考"）延期一个月举行，考试时间为7月7日至8日。湖北省、北京市可根据疫情防控情况，研究提出本地区高考时间安排的意见，商教育部同意后及时向社会发布。

　　关于高考是否应当延期的讨论，从疫情开始就没有停歇，这是一个充满争议的话题。延期一个月的新闻一出，全国轰动，有对党中央、国务院英明决策的认同和对延期安排欢呼雀跃的，也有对高考延期一个月吐槽的。《公告》发布20分钟后，"高考推迟"登顶"知乎热搜榜"；2个小时后"高考推迟"知乎热度超过1个亿。

延与不延，你怎么看？

　　事物的存在总是有多面性，这是客观事实。高考，亦是如此。2020年的新冠肺炎疫情前所未有，按下"暂停键"的，不仅仅是社会生产和学生学习，更是有突然"暂停"产生的惯性所导致的心理变化。有终于可以不用天天着急忙慌去上班、上学的悠闲心态，也有因不能上班、上学而对未来产生迷惘的焦虑。对不能去学校学习而产生焦虑的，大多数是家长，尤其是家有高考生的家长。各家有各家的幸福，面对高考，各家也有各家想要念好的经。

四处呼吁：高考能不能延一段时间啊？我还没有准备好！

高考生的焦虑"爸妈"们，除了对孩子在家里的管理焦虑之外，更多的是对疫情期间孩子自律性差，教师的管理"鞭长莫及"，线上学习效果不佳，又总也接不到返校复课通知，担心孩子复习不够扎实，没有充足的"弹药"带上"高考战场"的一种焦躁的心态。能不能让高考来得再晚一些？让我们的孩子在学校里的复习时间再充足一些，知识掌握得再牢固一些？走进高考考场时再淡定从容一些？

这部分家长期盼着高考可以延期，2003年以前都是7月份才高考，今年特殊情况，也延期到7月份考试可好？

心中默念：千万不要延期啊！

行走在高考"独木桥"上的高三学子们，有一部分是已然优秀到名列前茅，复习应考，可能只意味着一种时间上的等待。还有一部分学生，是在一次次的竞争中逐渐走到了队尾，高考对于他们，也是一种时间上的等待，等待着高中结束，等待着毫无期待感的考试结果。高三生的家长，对高考结果的期盼更胜于孩子，所以对等待高考的焦虑也就更有甚之。这样一个群体，更在乎的是高考结果的出现，所以急切地想要忽略等待高考结果的过程。所以，高考延期，延长了他们的等待，延长了他们的焦虑。

如果暴风雨一定要来，那就来得更早一些更猛烈一些吧。这部分考生和家长对于高考的安排，更愿意能早来就早来一天吧，不要再拖了。

七嘴八舌：延期到底会有什么影响？我来猜猜看。

2020年高考考生有1071万，延期的高考，真的只与这1071万有关吗？回答是否定的！今年不高考的，曾经高考过；也有将来要高考，或者将

瑕不掩瑜，"延"之有理

来孩子要高考的。看上去应该是"事不关己"的事情，却是人人可以讨论的话题。这也是高考延期迅速升级为热搜的原因之一。今年因为突发疫情而做出的临时调整，印证了很多人当年做出的"假想"：如果我高考那年要是能延期一个月就好了，那年高考前的一学期特别短，我们都来不及充分复习……也有旁观者完全抱着凑热闹的心态，有跟着做理性分析的，也有跟着吐槽的，也有"坐等"延期时的火热天气是不是会引发高考生的"火爆"反应的。

高考延期这件事，就成了你说你有理，我说也有理的多面性话题。就如盲人摸象，每个人对自己摸到的部分都深信不疑，每个人对高考延期的看法也都各执己见。

何以成长

一、顺时应势，让自己的思维有高度

高考似乎在改变着千百万人的命运。每一个家庭，每一对父母，从孕育一个新的生命开始，就对这个专属于自己的小生命充满了美好的期盼，希望自己的孩子聪明伶俐、健康快乐，希望孩子上大学、读硕士，在学习道路上一路走下去，最终学业有成。考上大学，是家庭的期盼，是孩子努力的方向。

延与不延，我们还要用理性的思维来思考。从2003年至今一直坚持的6月7日、8日两天高考，已经持续了17年，对于全国人民来讲，6月高考，已然成为一种习惯。再加上曾被众网友按照数字谐音挖出的极好寓意——录取吧，高考日期早已被公众所接受。如果没有新冠肺炎疫情，没有人会提及高考时间的改变。猝不及防的疫情，使得学生的学习也暂时由面对面的教室课堂学习，改为线上教学。一切都在改变着。

变化者，乃天地之自然。这样一句充满哲思的古语，说明了客观实际不是一成不变，而是不断发展变化的。这正是唯物主义辩证法的基本原理之一。新冠肺炎疫情的暴发，便是发生了改变的客观实际。某项客

观实际的改变，使得一切与之相关的都需要用变化来适应。高考时间，成了必然改变的。既然变，既然是必然的，那我们用变化的眼光来看待，用变化的思维来考虑，用变化的行动来适应，亦是必然。

延与不延，我们要跳出自我看全局。作为个体，我们每个人摸到的都是大象身上的一小部分，或长长的鼻子，或蒲扇般的耳朵，或一堵墙一般的身体，也或廊柱一般的腿。不论如何来形容自己摸到的这一部分，用多美的辞藻来修饰，能够表达出的，都只是大象的一部分而已。若要知道大象的形象，需要综合所有部分，或者跳出自己所站的"局部"，统览大象的全貌。

高考延期的"全貌"是什么？是至高无上的国家利益。2020年，突如其来的新冠肺炎疫情，是第二次世界大战结束以来最严重的全球公共卫生突发事件，严重危及人类的生命健康与安全。聚集，成为疫情传播扩散的最危险因素。钟南山、李兰娟等专家不顾高龄、不顾安危地逆行而上，医务工作者不辞辛苦、不计名利地冲锋向前，我们每一个人努力做"听祖国母亲话的乖孩子"，居家战疫，自我防护，14亿人各尽所能、艰苦卓绝的抗疫成果来之不易。就在我们欢欣鼓舞准备庆祝的时候，国际疫情开始蔓延。黄渤的一条抖音视频说出了亿万人的心声："又开始了，没完了吗，哎呀。"一声拖着长音的"哎呀"告诉我们，疫情还在，我们身边的"零增长"不代表疫情的消失。因此，疫情的新形势，便是继续防控，继续战疫，继续努力。

2020年，全国高考报名人数为1071万人，至少涉及1071万个家庭、几倍于1071万的人，是遍布全国各地在同一时间段内的最大聚集活动。面对疫情所带来的新形势，就要坚持一切从实际出发，做出适合新形势的新变化，以民为本、生命至上，为每个考生和每个公民的健康考虑，为生命护航。

在做了大范围的调研，综合研判、审慎研究后，从最大限度地保证所有考生备考公平、给考生留出充分的备考时间、缓释考生与家长的焦虑的角度出发，基于人的生命健康、汹涌的国际疫情推断出的相对最安全时间等多个方面，国家做出了调整高考时间的艰难决定。这个决定，兼顾了科学性、公平性、合理性、可行性等多方面特性。看似只关系到了1071万名考生，事实上，是在本质上努力关切着14亿人的公平，还隐藏着对14亿人生命至上的关怀。

正确理解国家利益与个人利益的关系。和平时期，国家利益是个人利益的保障，没有国家利益，没有社会稳定，就谈不上个人的利益。在我们国家，人民当家作主，国家的利益是人民利益的集中体现，是个人利益与集体利益的终极统一。个人利益如果单纯以个人为出发点，就只能是江海中的一滴水，无法决定江海的流速大小，也就无法以一个人的个人利益与国家利益相提并论。只有千千万万个人利益的公共部分汇集起来，才能作为国家的利益代表。高考延期，就是千千万学子或家庭个人利益公共部分汇集而成的国家利益的体现。既然是个人的汇集，那个人就是国家利益的一分子。人，不能跳出国家利益去追求与集体、与社会、与他人利益不相符的部分。当国家利益是有利于国家发展、有利于人的成长和发展的时候，每个人，最应该选择的便是个人利益与国家利益的融合，并且用实际行动去体现。

二、自信人生二百年，会当击水三千里

正确调试接下来的心理和决策迎考的行为。新冠肺炎疫情改变了人的生活方式，改变了高考的时间，也就随之改变了复习迎考的方式。危机，危中蕴藏着机会。新冠肺炎疫情是一次始料不及的危机，危机中尽快调整自己的心态，重新规划自己的行为，按部就班地实现自己的计划目标，是把握机会的最佳处方。

面对高考的延期，从教育部到省市教育行政部门，从教育专家到心理专家，从业内人士到各行各业，通过文字、视频、音频、讲座、线上授课等多种形式给出了各种应对高考延期的指导，在此不再赘述。但是，精神是决定行动的方向盘。面对改变了的高考时间，考生及家长们要用坚定不移的定力和精神，来面对每时每刻发生的改变。"千磨万击还坚劲，任尔东西南北风"，这是郑板桥对竹子品格的描述：站定青山之上，扎根岩石之中，不管风吹雨打，总是坚劲挺直。竹子的品格，也正像人的品格。面对改变时，每个人都要有坚定的理想和崇高的信念，有"虽九死其犹未悔"为理想奋斗的决心，有"历百折而仍向东"般向

目标奋进的勇气和力量。习近平总书记在引用郑板桥的这段话时提到，信念之于人，就像青山与岩石之于竹子，有了它，才能向着目标前行，不为困难所扰、不为矛盾所惑、不为利益所诱。

自信，才有执着的坚守；自信，才有自觉的践行。一个国家要达到发展的目标、一个民族要实现自己的梦想，同样需要有定力、有航标，同样需要能扎根传统、保持自我。作为个体，要实现自己的目标，要让自己的梦想变成现实，更是需要面对现实、坚定信念、提高定力，用奋斗感动自己，用拼搏实现自我价值。

点睛锐评

社会万象，人间百态，都是客观存在。社会发展，制度变革，都是客观必然。新形势总要有新样态，新样态就要伴随新变化。新冠肺炎疫情，是全国人民众志成城共克时艰的时代考验，也是全国人民适应新形势下新变化的人生考验。高考延期，延的是时间，验的是公众面对变化时的心理调适和行为适应能力。不论是延与不延，吐槽也罢，支持也罢，用积极心去面对现实，用进取心去做最充分的准备，用必胜心去竭尽全力参与，用平常心去坦然接受结果，才是取得胜利的王道。

不添麻烦是最善良的温柔

山东省济南中学　王珊珊

新闻事件

2020年3月11日，世卫组织宣布新冠肺炎疫情为全球大流行。截至发稿前，国内疫情已逐步得到遏制，海外疫情发展态势却日渐严峻。

受限于其他国家的出入境条例或航班等因素，许多在外的游子面临一种窘境：无安全感的他乡，"回不去"的故乡。在国外，有人因疫情受到歧视；归国后，也有人因疫情受到一些网友的辱骂。

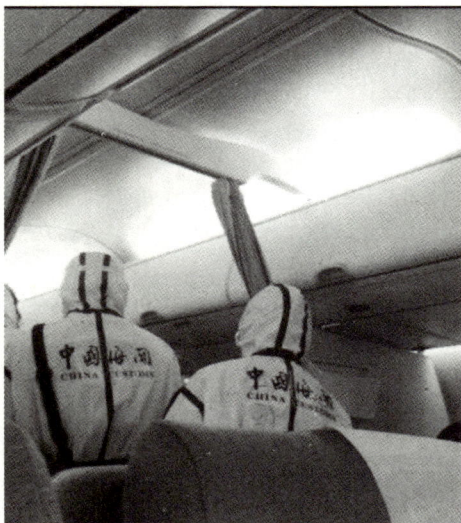

在疫情的压力下，一些在海外的同胞选择回国。由于一些原因，他们在舆论环境中却被"另眼相待"，甚至在网络语言的暴力中被中伤。其实，部分网友的愤怒是有迹可溯的。自新冠肺炎疫情于去年底暴发以来，中国上下付出了极为巨大的牺牲与努力，才取得了如今良好的疫情防控形势。可近期，境外疫情输入成为当前疫情防控的突出风险和漏洞，在最近新闻中更是有部分入境人员不配合防疫工作，做出比如瞒报行程等这类让人寒心的行为。这些报道飞速在网络上传播，引发部分网友的不满情绪，担心来之不易的防控成果被破坏。国务院联防联控机制新闻发布会公布的数据显示，为防疫添堵的只占了归国人员中的极少数，绝大多数人都在认真履行相关规定，依法配合防疫工作。一位从韩国回国的上海女孩，就用她的亲身经历为我们网友打了一剂"强心针"，也为诸多打算回国的海外同胞做了一个正确的示范。

2月底，韩国暴发了新冠肺炎疫情。一个人住在首尔市中心人流量密集地区的木西，在父母的强烈要求下，提前结束了在韩国的行程，乘飞机回国。根据防疫要求，木西乘坐航班抵达上海虹桥国际机场后，就要进行14天的集中隔离生活。

在回国前，木西收到了国内朋友"赞助"的防护服和护目镜，她表示，做好防护工作既是对自己负责，也是对他人负责。由于防护服码数过大，她索性就买了胶水，拿出皮筋，把防护服改成适合自己的尺寸。

除了把防护服"压缩"合身之外，她还写了份回国计划来提醒自己，例如"出发前，要先吃饱东西""减少摄入的水分，回国那天尽量不要去喝水，穿着防护服穿脱，去卫生间不方便"，并备上酒精喷雾、免洗洗手液、护目镜、口罩……直到收拾完行李箱，她才稍显安心。

在飞机上，她观察到，乘务员都戴上了口罩，手上也戴了两层手套，里面一层是橡胶手套，外面一层是塑料手套。在飞机上，除了填写入境表，木西还要填隔离同意书。

下飞机后的第一件事，是排队交入境表。接下来，等待她的是问询环节。工作人员会询问乘客有没有去过重点疫情国家与地区，有没有去人多的集市集会场所，身体有没有发烧或者咳嗽的症状等。木西都仔细回忆着。排队和询问环节很流畅，5分钟内，木西很快答完

不添麻烦是最善良的温柔

了工作人员所有的提问。

　　走到入境大厅等候区，海关关员会逐个核对旅客的健康申明卡。为了缓解旅客的焦虑情绪，工作人员还会拿出小鹿图案的卡通贴纸对乘客说："等一下等一下，让我贴一下这个吉祥物。"话音刚落，木西的防护服上就被贴上一枚小鹿图案的贴纸，木西看着"大白"防护服下的姐姐，紧张情绪瞬间消失。接着，工作人员拿起笔，在木西的防护服上简略地写上"大一"，即队列中乘坐大韩航空客机第一个准备过关的旅客。

　　凌晨两点，也有人在服务。

　　木西分到了在三楼的标间。所有乘客都要先回到安排的房间。过了一会儿，工作人员通知木西，行李消毒好了，可以去电梯口取自己的行李。接过行李，木西给工作人员鞠了一躬说："真的辛苦了，谢谢。"

（摘编自"台山政府网"2020年3月19日相关报道）

何以成长

　　2020年春节前夕，我们陆陆续续完成了手头的工作，如同往年一样做着过年的各种准备、筹划着各种聚会，将自己的状态慢慢调整到过年放假模式。一切都跟往年一样，一切又跟往年不一样。就在我们即将阖家团聚的时候，"武汉封城"的消息传来，"新冠肺炎"成了老少皆知的名词。

　　一时之间，伴随着"口罩恐慌""酒精紧缺""消毒液限购""双黄连疯抢"，街道冷清，商场超市门可罗雀，娱乐场所关闭；人们内心的担忧、恐惧、焦虑和害怕，随着每天持续上涨的确诊人数、疑似病例而与日俱增；每天打开电视和手机，充斥而来的是各种疫情防控和发生原因的消息。我们开始了过度的自我保护，对身边的陌生人甚至亲人都带有一种怀疑与防范。假期的延长、生活的改变、计划的打乱，使得一部分人对"湖北""武汉"有了深深的抵触与敌意。疫情之初，部分网友歧视湖北人的言论和行为就引发了不小的争议。随着关于疫情科学知识的宣传，我们对于疫情渐渐有了清晰准确的认识，人不等于病毒、隔离病毒不隔离爱的常识也已渐渐深入人心。

当我们慢慢打开心房的时候，又一个名词猝不及防地闯入我们的视野——归国留学生。澳籍女高管、要求喝进口纯净水的女留学生、疫情期间多国旅游又归国的留学生……一则则让人气愤的新闻引发了网友对归国留学生的质疑——"报效祖国你不行，携毒归国第一名"。但是气愤不满之后，我们应该冷静下来想想，归国的留学生里有"不懂事"的，但是绝大多数的留学生是负责任的。抗疫初期，留日学生用仅有的8万元为家乡采买口罩，包机"口罩"航班；留德学生组织发出倡议，集大家之力尽可能多地为祖国购买口罩；海外华人华侨在全球范围内奔走采购防疫物资，口罩、防护服、护目镜……祖国有需要时，这些在一些人眼中"养尊处优"的留学生没有漠视、没有逃避，而是自觉承担起一个中华儿女应尽的责任与义务。他们不求祖国的表彰与宣传，他们只求能做一些事，略尽绵薄之力。但是网络上的一些人，以偏概全，只见树木不见森林，用冷酷的字眼去伤害他们，用所谓的"爱国心"去绑架他们，用激烈的举动阻止他们回国。片面的偏见和极端的情绪背后是缺乏同理心的表现，大家都忽视了一个基本的常识——他们是我们的同胞。经历过恐慌的我们应该更能理解他们渴望寻求祖国庇护的心情。

其实不仅仅是抗疫期间，在生活中我们经常会遇到类似的事情，舆论的极端化往往会把少数个体的错误行为归因到相同或相似背景的群体身上，这就制造了粗糙的对立，进而会给这一类群体造成极大的心理负担。我们也往往会因为自己一时的感性或冲动，影响我们对人对事的公正合理的判断。所以"感性做人，理性做事"应该成为我们成长的必修课，处理事情要做到有理有据，与人相处要做到有情有义，在彼此的理解与关爱下寻求"自我"与"真我"，永葆一颗赤子之心，不忘初心，方得始终。不论外界缤纷喧嚣，不失本色与本真，保持内心的"真"与"善"。

善，存在于我们说的每一句话中，不故意为难别人，不挖苦讽刺嘲笑别人，更不侮辱诽谤别人，不管别人在不在场，公正地对待每一个人，每一件事。与人为善，以善为伴，善待别人就是在善待自己，让自己生活得坦然精彩，真心善待周围的一切，感受亲切幸福与温暖。我们不求自己能为社会、为他人贡献多少，只求一点绵薄之力能为他人解得一时之忧。

静，遇事不一定要机智果敢，但一定要沉着冷静，多听少说，综合研判以后再下结论。为人处事要学会站在别人的角度，换位思考，因为站在不同的角度，就会有不同的处事方法，特别是在遇到麻烦棘手问题的时候，千万要学会冷静思考，稍微等一等、靠一靠，很多时候，在你慢下的这一拍里的一个微笑，矛盾麻烦就轻易化解了。

点睛锐评

一场疫情，打破了我们原本闲适自得的生活，防疫常态化让我们对自然更加尊重与敬畏，让我们对生命更加珍惜与慎重，让我们对身边的人和事有了新的认识与定位。一场疫情，犹如一面镜子，人间百态、世态炎凉、人性善恶在它面前无处遁形，无数的英雄涌现出来，无数的精神闪耀在前，无数的行为感人至深，也有无数的有意无意的恶意被撕开光鲜的外衣曝光在阳光之下。经此一疫，我们在更加珍惜生命的同时，更要珍惜当下，珍惜人与人之间的相处，保持一颗善心，保持一些理性，让每一次付出都能得到应有的回报，让每一个人都能被真诚相待。

游子归乡，理性先行

山东省实验中学东校　张德林

2020年1月23日，在美国读高中的施煜程等几位中国留学生发起成立了"武汉加油·北美留学生组"志愿者团队。让施煜程没想到的是，最初只有6人在微信群内响应，两个小时之后第一个群就满员了。48小时后，志愿者团队已拥有上千名志愿者。截至发稿前，志愿者团队共募集善款90余万元人民币，开发运输线路29条，并将消毒液、护目镜、N95口罩、医用手套等医疗防护物资送到武汉。19岁的施煜程说："我们是一群来自国内外平均年龄不到18岁的年轻人，为武汉行动起来，团结力量，募集善款和物资来支援一线的医务工作人员。'非典'时，我们还是个幼儿，当时很多人守护着我们这一代人，如今，我们长大了，换我们来守护大家。"

（摘编自《人民日报（海外版）》2020年2月20日相关报道）

2020年3月14日，从法国回国的留学生黄婧（微博名：豌豆公主病的日常）从上海入境，并在浦东医院进行病毒检测。其间她称自己在做完血检和CT之后，被要求在一楼发热门诊等结果，等了很长时间；还声称在前台"看到年轻夫妇等待""床位安排六小时"等。这名留学生不仅在国内网络上发布信息，而且还在编辑后发到外网上，让很多外国人对中国的防疫工作产生误解，甚至还成了反华分子舆论宣传的工具。为此，一些网友评论这名留学生是典型的"巨婴"。不仅如此，不少网友还认为留学生根本不应该回国，国内的疫情防控初见成效，这些从疫情重灾区回国的留学生会破坏国家取得的抗疫成果。

（摘编自《环球时报》2020年3月18日相关报道）

2020年3月9日一早，意大利留学生瑶瑶（化名）总算登上了回国的班机。此前，她已经在意大利自我隔离了20天。谈及回国的初衷，瑶瑶表示，她是一个人住在意大利，害怕万一得病了，在家隔离没人知道，死在家里。"因为意大利已经有好几例在家去世的，死后才发现得了新冠肺炎。"她一开始没打算回来，没想到形势一下子恶化，就决定回国了。这趟旅程，她一共飞了四段，辗转了28个小时。有的航班上人多，有的航班上人少，但她始终不敢摘下口罩，也没有吃饭、喝水。快到北京的时候她又饿又渴，但还是忍住了。回国前，瑶瑶就把能申报的信息通过各种途径全部都申报了一遍。等她到了北京，也是第一时间向机场工作人员报备，使用了单独的安检通道、单独的摆渡车，并提前登机，坐在最后一排。3月10日，瑶瑶乘坐的飞机终于降落在深圳，而她已经饿到腿脚发软。直至被送到酒店隔离点，瑶瑶才放下心来。她感叹能够回来真的很幸运，并呼吁大家如果决定回国，一定要申报："这是对自己负责，也是对他人负责。"集中隔离中的瑶瑶，核酸检测结果为阴性。而就在她登上返程飞机的当晚，意大利宣布"封国"。网友称赞瑶瑶这是"教科书式回国"。

（摘编自《经济日报》2020年3月20日相关报道）

何以成长

在中国人民抗击疫情的过程中，广大海外中国留学生是一个不可忽视的群体。在新冠肺炎暴发之初，世界各地的留学生积极行动起来，第一时间为祖国筹集抗疫物资支援湖北、支援武汉，很大程度上缓解了祖国抗疫初期物资短缺的状况。留学生们的善举也得到了国内群众的一致好评。经过全国人民三个月的共同努力，国内基本遏制住了新冠肺炎疫情的蔓延，然而其他国家抗击疫情的形势却日益严峻起来。不少留学生出于安全的考虑，开始返回国内。这本来是可以理解的，但是在这个过程中，却出现了一些不和谐的音符。部分留学生挑剔国内隔离条件艰苦，或者对国内防疫政策拒不配合执行、隐瞒自己的接触史甚至发热症状，给防疫人员的工作造成较大困扰与障碍。这种现象引发了国内舆论的口诛笔伐，部分偏激的网友甚至嘲讽说"家乡建设你不在，千里投毒你第一""国家应该禁止留学生回国"。短短两个月的时间，国内舆论对留学生群体的态度从疫情暴发之初的赞扬，转变成了激烈的批评。我们应该怎样看待舆论对留学生群体态度评价的变化呢？如何才能让自己不被偏激甚至错误的观点所裹挟、所蒙蔽呢？

一、理性与"守一"

有人说，当下快节奏碎片化的生活使人们逐渐失去了思考的能力，大多数人已经没有了"心"的家园，往往被浮躁裹挟着无意识地逐波而流。而大多数人在没有自己观点的同时，却沾染了深重的戾气，于是微博平台上谩骂泄愤成为主流，网络暴力大行其道，"人言可畏"这个词所展现的负面能量不断增强。时下任何一个上了"热搜"的话题，评论区都会出现几个甚至一批"带节奏"的人，一些所谓的意见领袖通过自己的影响力来煽动舆论。在疫情期间，部分留学生的不当之举被部分自媒体炒作放大，进而煽动民众歧视海外留学生，阻止他们回国。

对于这样的言论该怎么样判断？首先，我们应做到冷静和理性。勒庞在《乌合之众》中提到"群体无意识"的概念，他指出一个人一旦进入群体之中，就会变成"无意识"的野蛮人，个人意志往往会被群体所裹挟，理性和逻辑会失效，冲动的情感和无节制的欲望会成为支配行动的动力。所以要避免这种情况的出现，首先要做的就是冷静，尝试停下来，进行思考，恢复理性。

理性是明辨是非的前提，明辨是非就要持心中正。如何持心中正呢？我们不妨化用一下老子讲的"抱朴守一"，它原本的意思是指保守本真，怀抱纯朴，不囿于物欲，不受自然和社会因素干扰，保持心神安静，精神集中于某一事物。我们在判断问题、处理事情的时候也要做到

"守一"，守住心中的"一"，这个"一"就是底线，是最基本的是非标准。疫情期间，部分民众歧视归国留学生、污名扩大化的行为是伤害同胞感情，不利于人民团结的。

二、辩证与统一

法无术不行。明辨是非标准，坚守道德底线是第一步。但只知道法（大道理）是什么还远远不够，因为影响事物发展的因素是多样的，驱散萦绕的迷雾、揭开真相的面纱还需要科学的"术"（分析方法）。

疫情期间，虽然一些地方出现了个别留学生挑剔国内隔离政策的现象，但同时也应该看到大多数归国留学生是积极配合国内防疫工作的。少数有出格言行的留学生并不能代表数以百万计的广大留学生群体。所以在对待留学生群体的时候，不应该将"巨婴""投毒"此类的污名扩大化，扣在全体留学生的头上，以免伤害众多留学生的感情。且不论疫情期间留学生群体的表现，回顾近两年中国在国际上面临巨大舆论压力的时候，广大海外留学生对维护祖国形象与利益是做出过巨大贡献的，他们在世界各地激辩乱港分子就是最好的诠释。而通过此次抗疫期间海外留学生为祖国做出的巨大努力，我们可以看出，在留学生群体中，坚持爱国主义一直是主流。他们是祖国的游子，更是我们的同胞。

三、敢言与慎言

明辨是非曲直是表达科学观点的前提。我们通过理性分析得到事情真相就结束了吗？司马迁说："仆诚以著此书，藏之名山。"但诚如鲁迅先生所言，"藏之名山"是封建时代的事，早已过去了。当今公民社会，宪法赋予公民合法表达自己观点的权利，多元包容的社会期待观点的碰撞、思想的交锋，所以我们应该勇于表达自己的观点，因此要做到"敢言"。疫情期间，因少数留学生的错误言行而对大部分积极配合的留学生进行诋毁和污名化的错误做法，我们应该敢于与之斗争。再者，正因为网络时代人言可畏，我们还应该做到慎言。正如前文所说，我们在判断事情是非曲直的时候要持身中正，我们在表达观点的时候也应要有底线和原则，最主要的就是不要违反国家法律和最基本的社会公德。

疫情期间歧视归国留学生、破坏社会秩序、伤害同胞感情的言论和行为是为人所不齿的。

最后，我们要明确的是，敢言不是乱言，慎言不是不言。

点睛锐评

疫情是一面镜子，它放大了社会某些层面隐藏的矛盾，并将它暴露出来。透过疫情期间留学生事件引发的相关话题，我们应该学会如何去分析和评价社会热点。第一，保持冷静和理性，持身中正，坚守底线。第二，掌握科学的分析方法，辩证统一地抽丝剥茧、寻找真相。第三，科学表达自己的观点，敢言而不乱言，慎言而不禁言。在纷纷扰扰的世界，希望我们能够守住自己心灵的一方净土，做思想独立、修身守一的新时代公民。

游子归乡，理性先行

仁心大国，为政以德

济南市北坦小学　程化珍

新闻事件

英国政府3月18日宣布英格兰所有中小学校从20日起关闭，同时苏格兰和威尔士地方当局同日宣布20日关闭学校。《环球时报》记者称：2月份英国疫情开始扩散，后英宣布至少三周"禁足令"，当地中小学均停课，学校宿舍封闭。英国多数寄宿家庭由于不确定小留学生是否在校已感染病毒，也不敢收留。孩子们在当地的食宿都出现了问题。

3月16日，在英小留学生家长联名向中国外交部、驻英大使馆递交了一份《关于对滞留在英国的未成年中国小留学生开展领事保护的申请》。申请中表达了对"孩子回不来，家长过不去"现状的深切担忧，而且对于小于11岁的孩子，有的航空公司取消了无人陪伴服务，所以买到机票也无法登机。申请呼吁，这些小留学生最需要的是中国政府能够组织包机，尽快接这些没有自我保护能力的未成年孩子回国。

3月23日，中国驻英大使刘晓明在使馆举行"真情暖学子，祖国在身边"健康包发放仪式，给每个留英学子准备了防护物品和防护指南。

25日，刘大使再次与在英留学生代表连线，指导学子们尽量减少长途旅行。

31日，刘大使接受中新社记者采访，及时发声，保证敦促中英政府全力协作，保障留英的中国公民特别是全体留学生们的安全。

4月2日，《环球时报》登载中国东方航空赴伦敦接回约180名留学生，4月3日10时抵达济南。5月18日，《环球时报》登载东航再派包机赴美接183名小留学生抵达杭州。

何以成长

小留学生在这次国际共战疫情期间步入了人们的视野，以往人们熟知的基本是18岁及以上出国留学人员，这次忽然发现仅留学英国的就有1.5万未成年学生，这给传统的教育观以巨大冲击，引起民众广泛热议。当有人谴责处在青少年时期的孩子不接受本国文化教育，就是对祖国文化、制度的不认同，拿境外国籍的目的显而易见时，多数人赞同这一看法，舆论几乎出现了一边倒。这加大了小留学生家长们的焦虑，他们在经历了国内疫情后本就非常担心远在海外的孩子的安全，此时又受到民众抨击，一些过激的语言也随之出现。此时，该如何看待这样的热点新闻？又该如何理性看待有争议的新闻呢？

一、仁心为政，道之以德

作为民众，读到与国家与人民利益相关的热点新闻事件，要首先积极主动关注国家官方发言、官方行动，善于客观理性地分析事件，提升洞察事件本质的能力，不可人云亦云，听风是雨。英国是中国未成年留学生最多的国家。当百姓遇到一己之力无法解决的困难时，首先想到的是求助政府、依靠国家，这正说明人民对祖国的依靠、对党的信任。祖国在关键时刻，永远像生育我们养育我们的母亲，是保护儿女的坚强后盾、有力保障。但是，祖国母亲跟我们每个个体一样，面对英小留学生遇到的困难，不可贸然行动，必须统筹决策。党中央像得知武汉市民的困难时那样，立即将海外游子的困难放在第一议事日程。

3月18日，英国做出停课决定的当天，习近平总书记在中央政治局常委会上发表重要讲话，要求加强对境外中国公民全面防控疫情的指导和支持，要全力保证境外中国公民的生命安全和身体健康，在英的1.5

万小留学生绝不例外。驻英大使馆及相关负责人迅速地全面分析时局，认为所有小留学生包机回国并非唯一最佳选择，因为国际航班旅途长，低龄孩子自理自护能力弱，而机舱相对封闭、空气流动性差，近距离接触、小孩子精神紧张等都会增加危险系数。落地之后，还有严格的核检隔离程序，"归国之旅"变成感染之途绝非危言耸听。世卫组织也建议"非必要不旅行"。于是中国驻英使馆决定发挥监护人作用，孩子的爸妈不在身边的时候，采取一切措施全力保护好孩子。20日晚刘大使与央视《新闻1+1》主持人白岩松视频连线，将在英所做的一切工作向国内人民汇报，首先对大家感到惶恐的英国"群体免疫"说法给予正确阐释：那只是医学概念，非当局政策，早无人再提。领事馆按照党中央指示精神，全力推进关照在英中国公民的要求，具体做法是第一时间主动与当地最高政府保持联系，与当地的卫生、警务、移民、防疫等部门保持密切联系，一旦有学生或任何一位中国公民求助，保证实现第一时间救治诊疗。再就是坚持从1月23日武汉封城以来的"领事提醒"，发出个人防护指导，高峰期时使馆每天应答六百多起电话，指导学生们密切跟踪使馆、英国政府和世卫组织的防疫指导意见，并发挥已有的强大的全英学联（学生会）组织作用，提高大家战胜疫情的信心。同时要求英国校方高度负责，保证关注好全体学生的生命安全，并给小留学生联系当地托管方，落实每个孩子都能得到安全监控的目标。随后了解到，有特殊困难急需回国的人员已于4月3日乘第一批包机护送回国。

这一系列举措，让我们不禁回想起2011年的利比亚撤侨事件，2015年的也门撤侨事件，远在海外的中华儿女生存受到威胁时，国家都是不惜动用一切力量将海外儿女接回家。《论语·为政》讲："为政以德，譬如北辰，居其所而众星拱之。"我们的祖国、我们的党执政为民，为政以德，人民在大灾大难面前早已感受到祖国特色社会主义制度的优越性，感悟到仁心大国的担当。祖国母亲全力以赴保护儿女的时候，哪曾与儿女有过丝毫得失计较？正是祖国母亲爱民利民的仁心至善，使得民风日渐崇德尚礼，人民爱国如家。本次抗击疫情全国人民众志成城、共克时艰，取得快速复工复产复学的胜利，坚持常态疫情防控下的正常生活，就是中国人民在德政引导下的最好见证。为政者"道之以德，齐之以礼"的国风，百姓怎能不发自内心地跟随呢？

二、和而不同，怀远以德

纵观本次疫情在全球各国暴发以来，习近平总书记频频与各国领导人通电话，互通战疫方略，表达互助互联之意；派驻医疗专家组远洋救助；组织钟南山院士团队顶尖医疗科研团队与外国同行视频研讨，与世界共享"早发现、早隔离、早治疗、方舱医院集中治疗、下沉社区预防严控"的中国方案，为全球战"疫"提供专业参考。应对本次新冠疫情，中国与世界各国携手战疫的大国担当再次彰显中国力量。中国怀远以德，创建人类命运共同体、人类卫生健康共同体的和合之心尽显。自古以来人心归向绝对不是强制，而是优越的制度、自信的文化使然。又如近年来中国的"一带一路"合作倡议成为推动全球开放合作、改善全球经济治理体系、促进全球共同发展繁荣的出色方案。

事实证明"近者悦，远者来"，和而不同，德以致远。国家、社会得以取得长远发展，依靠的就是至简大道：仁、义、礼、智、信。相信中华民族伟大复兴的美好未来一定会在无数不负韶华的勤劳的中国人民的奋斗中到来，中华儿女学满归来报国效国定会是无数境外学子的不二选择。

三、志当高远，立志以德

通过以上两点论述，大家不难明白，当面对纷杂事务处于旋涡之中时，能快速拨云穿雾、判断事物正方向正能量的关键在于高远的志向。无论是在国内还是国外完成学业，我们都应该尊重。《论语·子罕篇》曾说："子绝四：毋意、毋固、毋必、毋我。"（孔子杜绝了四种毛病：不凭空臆测，不武断绝对，不固执拘泥，不自以为是）小留学生们选择越洋受教育，我们怎么就能断然认定人家没有爱国之心？同理，在国内完成学业的就一定百分百确立了爱国之志？学识、视野、环境、志向等都在不断影响着一个人的生命历程。

二战时期的季羡林先生留置德国十余年，愈是分离远，愈加思念"母亲"，他写下的《我的母亲》编入小学语文教材，深情表达了对两位母亲——"生育自己的母亲"和"祖国母亲"的浓浓思念。季羡林先生小时候也是离开母亲，来到济南跟叔叔完成学业。他越长大越因自小没有在母亲身边做事尽孝而愧疚，进而把一腔热血倾注到对祖国母亲的报效之中。早在1872年，12岁的詹天佑赴美留学，与他一同留美的都是10~16岁幼童。以詹天佑为代表的许多有志孩童不都是学成归国，成为杰出的爱国人士吗？而2019年香港暴乱期间，当祖国在国际舆论中被污蔑时，世界各国的中国留学生挺身而出：德国大街上，一名女留学生用德、英、汉三种语言激辩"港独分子"。可见，在留学生群体中爱国主义一直是主流。所以，在世界经济全球化，信息互联互通的新时代，善于汲取全社会、全人类的正能量，终身不忘祖不忘根，志存高远、以德立己，才是我们身为公民应该努力的正道。

点睛锐评

立志报国，必成国之良才；心怀天下，必可长治久安。新时代，我们的祖国坚定地与世界各国互通互联，坚持文明互鉴、各美其美、美美与共的发展理念。我们作为华夏儿女，立足于本职勤奋学习、认真工作，师生各司其职，立志为国而学，为国而教；同时放眼世界，为全人类共同的繁荣发展而锤炼本领，提高能力，实为生命之意义！

山川异域，风月同天

济南幼儿师范高等专科学校常春藤附属小学　田存娟

新闻事件

　　2020年1月，我国新冠疫情暴发，面对来势凶猛的病毒以及迅速激增的感染人数，防疫物资一度告急。其时，伊朗、俄罗斯、巴基斯坦、韩国、土耳其和以色列等国家及欧盟纷纷向我国捐赠物资。与我国一衣带水的邻邦日本，在向我国伸出援手的同时，以其独特的人文关怀与情感支持在众多国际援助中独树一帜，一跃成为新闻热点刷爆朋友圈——日本援华物资上的诗句火了！

　　据环球网报道，日本驰援湖北的物资上印着的那句"山川异域，风月同天"感动了无数中国人，而在物资箱上印诗词已成为日本援华物资的"标配"。比如，京都府舞鹤市驰援友好城市大连的物资上，写着"青山一道同云雨，明月何曾是两乡"。这句诗出自王昌龄的《送柴侍御》，诗中蕴含的正是人分两地、情同一心的深厚情谊。

　　又如，在日本富山县向辽宁省捐赠的1万只口罩箱子上印着："辽河雪融，富山花开；同气连枝，共盼春来。"此句化用的是《千字文》中"孔怀兄弟，同气连枝"的句子，精准地表达了日本希望助力中国共克时疫，期盼疫情早日结束的愿望。

　　而在日本NPO法人仁心会、日本湖北总商会等多家机构联合捐赠的医疗物资上，则印着中国《诗经·秦风·无衣》的两句话："岂曰无

山川异域，
风月同天。

衣，与子同裳。"这两句诗的意思是："你怎么能说没有衣服呢？来，我们同穿一件。"值得注意的是，在捐赠来的一排排白色纸箱中，装着的正是我们当时最急需的防护服。

对日本的这一些风雅操作，国人在感激之余也纷纷感叹，这些隽永的诗句运用得恰到好处，让人感觉很美很有力量。随后更有人提出，如果要表达谢意我们该回赠以哪一句诗？

时间来到3月下旬，疫情在我国得到有效控制，全球疫情却进入白热化阶段。

据报道，3月23日，日本丰川市市长隔空喊话，表示之前曾给中国无锡捐赠了4500只口罩，因为日本疫情紧张，口罩实在紧缺，便和无锡方面沟通，如果有剩余的口罩能不能还给日本。新吴区在得知情况后立即筹措了5万只口罩进行回赠，一时间"十倍返赠"冲上热搜。3月24日，中国驻日本大使馆在官方账号上点名表扬了无锡的善举，日本网友也泪流满面地回应：真的感谢中国。

无锡的"十倍返赠"并非个例，据日本《每日新闻》3月30日报道，天津市与日本四日市是友好城市。此前，四日市商工会议所曾给天津市工商业联合会捐赠过100个酒精除菌喷雾等支援物资。3月27日，7大箱装着口罩的纸箱抵达日本，箱子上用中文写着"相知在急难，独好亦何益"，还用日语写道："四日市加油！日本加油！"

（摘编自综合"环球网""腾讯新闻""海外网"相关报道）

一、文化自信，更要热爱

可以说，日本在援助物资上印诗句的操作，在引起国人关注的同时也引发了广泛热议。眼见日本将我们的古诗词运用得如此出神入化，我们有惊艳、有赞叹，也有隐隐的不甘与羞愧。其实仔细想想这不甘与羞愧大可不必，古诗词作为我国优秀的传统文化，传承千年而影响深远。日本借用这些带有浓厚"中国味"的诗句来传达情谊，所传递出的不正是对我国传统文化的尊重和认同吗？

在人类历史上，很少有哪个民族能像我们中华民族一样，文化传承如此源远流长，博大精深。对此，作为中华民族的一分子，谁能不深感骄傲与自豪，并由此生出坚定的文化自信呢？！当然，不可否认，古诗词在我们实际生活中还远未展现出它的真实魅力。要想促进古诗词在当代的接收与传播，国民仅有文化自信还不够，更要有发自内心的珍重与热爱。

正如此次，当我们把目光透过这些物资上的诗句，聚焦到探寻中国诗词在日本的前世今生时，就会发现这个新闻的出现绝非偶然。自古以来中国诗词便在日本备受推崇，即使在日本当代，"汉诗文"依然在其国民生活尤其是基础教育中扮演着重要角色。日本作为发达国家，缘何如此看重对我国传统文化的学习？答案无疑是发自内心的真正的认同、仰慕与热爱。

是的，就是热爱！因为热爱，所以热衷，热衷去学习、去品味，热衷于把它与日常生活的方方面面进行关联。你看这些诗词，它如此之雅美、之鲜活、之广博。生活中，无论何种境遇，不管什么心情，当我们意欲寻求心灵慰藉抑或抒发表达情感时，总能找到与之相应的名篇佳句。正如这批印在物资箱上的诗句，哪怕相距千年、即使远隔万里，也能使国与国、人与人之间的认知与感受达成共鸣。由此亦可想见，一旦触发古诗词与生活的美妙连接，我们的人生将随之绽放出何等华彩。

二、滴水之恩，涌泉相报

我们常说投桃报李，也说"滴水之恩，涌泉相报"，讲的都是对别人给予自己的帮助要懂得感恩与回报，要真心对真心，甚至回报更多真心的道理。

我们不仅这么说，也是这么做的。新闻中，面对曾第一时间给予我们援助的日本，在随后其遭遇物资短缺时，我国各地倾力相助，双倍、十倍甚至百倍回赠的新闻层出不穷，被称为教科书式"滴水之恩，涌泉相报"。

除此之外，据《人民日报》报道，截至3月26日，我国已向83个国家和国际组织提供紧急援助。至于帮谁不帮谁，官方回应的援助原则即："滴水之恩，当涌泉相报，中国疫情严重之时，外国对中国的援助、政治支持，我们时刻铭记在心。"

所以你看，大到国际交往，小到人与人之间的相处皆是如此。滴水之恩，涌泉相报——这既是中国的大国担当，民族的传统美德，同时也是我们每个人应该具备的做人准则。

三、以史为鉴，面向未来

说到日本就不得不提中日关系，说到中日关系便回避不开战争。历史上，日本曾有过两次大规模的侵华战争，分别为近代的甲午战争与1931年至1945年持续14年的抗日战争。战争给中国带来了深重灾难，尤其抗日战争，更是在中国人民心中留下了无比深刻沉痛的伤痕。

但值得注意的是，作为中国的重要近邻，除了战争，日本与中国有长达两千多年的友好交往史，期间两国睦邻相处、友好相待、共同发展。周恩来总理曾用"两千年友好，五十年对立"对中日关系进行过最为全面准确的概括与说明。

"卢沟晓月桥犹在，烽火狼烟日未远"。诚然，战争的伤痛我们不能忘却，落后就要挨打的教训也要牢记。但同时，我们更应该用发展的眼光去看待中日关系。

我们看到，自1978年签订《中日和平友好条约》以来，中日关系不断发展，各领域的友好交流与合作日益深化，给两国和两国人民带来了实实在在的利益。四十多年来，中日关系持续趋稳向好，尤其此次日本第一时间向我国伸出援手，表现出了一名"友邻"该具备的慷慨和义气。而随后我们对日本滴水之恩的涌泉相报，也彰显出我们中华民族知恩图报、讲究礼尚往来的传统美德。

总之，对于中日关系，我们既要以史为鉴，又需面向未来；既要牢记"忘记历史就意味着背叛"，同时也要明白"今天所发生的一切，终将也会成为明天的历史"！

点睛锐评

可以说，日本援华物资箱上的诗词大火，给我们结结实实上了一堂教育课。这一课，我们有觉察、有反思、有警醒，最终归结成盘旋于脑中的问题。如何触发古诗词与日常生活的密切联系？如何辩证看待日本与我们的旧伤痕与新关系？此刻，"问题"轻叩"思考"的柴扉，"答案"正预备起身开门。

山川异域，风月同天

只蒙面，不蒙心

山东省实验中学　李鸿杰

新闻事件

当地时间2020年2月19日，意大利单日新增新冠肺炎确诊病例4207例，累计确诊35713例，已经是全世界疫情暴发最严重的区域之一，然而，即便如此，政府依然没有要求公民戴口罩的强制命令，意大利舆论也没有赞誉达罗索的"先知先觉"。

3月3日，在瑞士，一名女议员因戴口罩被从议会中驱逐出去。这位名叫玛格达莱娜·马尔图的议员是首个戴着口罩进入瑞士议会的人，但她的举止随即引发了争论，议长毫不客气地对她下了逐客令，理由是"扰乱会议秩序"。

在欧洲，类似的口罩歧视不仅发生在"庙堂之上"。据德国《焦点》周刊报道，德国近期发生的首起事关新冠肺炎的诉讼就与口罩有关：德国著名机场免税店海涅曼的员工因不满雇主禁止他们在工作中佩戴口罩、手套等防护用品，将后者告上法庭。原来，在欧洲疫情恶化后，一些员工自行戴上口罩，但雇主担心带来紧张和恐慌，导致吓跑顾客，于是下达禁令：如果继续佩戴，我们将把你送回家！

事实上，不仅政客和民间对口罩有抵制，连欧美的医疗机构对口罩的态度也是模棱两可。在疫情同样严重的法国，法国卫生部下属的卫生总署署长在接受采访时强调"要勤洗手，戴口罩并没有用"；德国卫生部的表态是"普通民众戴口罩没有意义"；美国疾控中心则说"健康的人并不需要戴口罩"；而在英国和法国，口罩则干脆被列为"处方药"，只有病人才有"资格"佩戴。这也就导致了戴口罩者被打上了"病人"的标签，走在大街上都要受到歧视，以至于很多华侨华人在欧洲反而需要摘下口罩参与公共生活——虽然以疫情的严重程度而论，眼下的欧洲已然成为重灾区。

（摘编自"齐鲁壹点"2020年3月30日相关报道）

何以成长

对于包括中国在内的亚洲地区来说，戴口罩其实是一种常规的防护措施，基本是社会生活常识，大家很容易接受。除了为他人着想之外，口罩还可以保护自己，避免被感染。为什么在西方国家，尤其是欧洲地区，人们那么不愿意戴口罩？是简单地认为西方人固执、愚蠢，凡是我们坚持的他们就反对，还是"口罩歧视"的背后有更复杂的原因？

此外，西方国家还将他们所依赖的科学实证精神应用到了口罩对防控病毒有没有用上，且验证方法也是西方医学传统里很"科学"的双盲试验。这看似符合他们一贯的"科学"精神，但在全球疫情蔓延背景下，任何一个可能导致疫情加速扩散的"现象"，都无法用常态看待、用常量评价。这时，如何真正科学、理性地看待此问题，就显得尤为重要。

一、现象纷杂，须秉持理性看待

在科技发达、高度全球化又文化多元纷呈的今天，看待任何一个辐射范围广的现象，都不要简单化。这次"口罩歧视"现象也不例外。其中既有科学认知的问题，也有欧美国家复杂的文化背景，当然也关联国际政治问题。我们最需要的是理性辨析。

只蒙面，不蒙心

在"口罩歧视"这件事上，理性认知的路径至少是这样的：

首先，在认知方面，许多欧美国家的民众对口罩能够防控病毒持怀疑态度。按理，在科学普遍比较发达的欧美国家，不该出现这种认知问题，但事实是的确存在这个问题。欧美疫情蔓延的复杂性于此可见一斑。

其次，是文化背景问题。这也是最复杂的。对口罩的抵触，在欧美国家是一个传统。法国绿党成员马埃尔谈道："法国人一直没有生病戴口罩的习惯。"苏格兰圣安德鲁大学医学人类学家林特里斯说："在西方，我认为我们需要克服口罩带来的污名，比如'羞耻感'，别人会认为你是个懦弱的人，会认为你生病了。"在欧洲人看来，戴口罩并不是为了保护自己，他们关心的更多的是避免别人投来异样的眼光。所以，当大量戴口罩的人出现在公共场合，反而会引起恐慌和焦虑的情绪。

与这种传统的对口罩的认知相辅相成的是法律。例如，为了打击犯罪、防控恐怖袭击，法国在2010年颁布了《禁蒙面法》，禁止在公众场合使用任何材料遮盖面部的行为，虽然"因医疗原因戴口罩"不在该法案禁止的情况内，但前提是"得到权威机构的授权"，来证明戴口罩的必要性。不少欧洲国家都有类似的法律。可见，法律是最强悍的文化背景。

另外，世卫组织和一些欧美国家政府的反对态度，也是西方人在疫情面前不戴口罩的原因之一。比如2月底，美国公共卫生服务署长杰罗姆·亚当斯公开呼吁美国民众停止购买口罩，"口罩无法有效防止感染新冠病毒"。《财经杂志》4月16日的报道中提到世卫组织官员在3月底仍然坚持"没有证据证明普通大众戴口罩能带来什么潜在好处"。

在4月之前的疫情暴发阶段，口罩成为一个符号化存在，戴不戴口罩，成为欧美国家"个体权利"的显性代表，甚至西方国家将有意不强制戴口罩视为其"民主"的一种表现。但病毒没有意识形态，在病毒面前，"权利"不堪一击。"科学"佩戴口罩，才有利于对抗疫情。所幸，从4月起，许多欧美国家都开始强制佩戴口罩，用他们最常见的强制手段——立法。

二、评价现象，信息源很重要

在"文化背景"方面，我们不一定去深入研究"西方口罩史"，只需要对官方媒体的各种相关报道进行整合，就可了解欧美"口罩歧视"的文化渊源。但这里需要注意的是，不能采纳单一的信息来源，一定要尽量多地从不同的报道中去寻找。信息源越多元，信息越呈现出因多面而立体，因立体而更接近"真实"。

在信息爆炸的时代，我们要想培养理性看问题的意识和能力，就要先学会如何去辨识信息（比如媒体报道）的有效性。但凡是一个社会的热点话题，必然信息满天飞，来自各种传播途径的消息让人难辨真伪，信息源与接收方会形成闭锁链条，很容易出现"我传播你愿意相信的，我相信我认为的"这种可怕的互动。如果是对未成年人，这种信息的传播与接受会产生很坏的影响。一条条来自不同渠道的信息，纷纷出现在报纸、手机客户端、街头巷尾，任何人都能看一眼，听一耳朵，插一嘴。比如，天天戴口罩的中国青少年，针对新闻中西方大众抵制戴口罩的现象，也很容易会去问个"怎么了""为什么"。这时，会被谁带起节奏来呢？

这个时候，如果能做到不从单一的信息源接收信息，在信息筛选上，按照官方媒体—负责任美誉度高的自媒体—普通自媒体的顺序，且能充分考虑"口罩歧视"关联到的政府组织、文化传统、科学普及、个人权利意识等多个方面，然后再去得出自己的判断与认识，就可算是一次完整的"理性认知"之旅。

点睛锐评

生活中事件成为热点，说明事件自身具备吸引大家关注的特性。而关注产生价值判断，也很容易形成立场分歧甚至对立。比如欧美人眼中的"口罩权利"，我们也可以认为他们是"口罩歧视"。这时，把围绕戴不戴口罩的种种相关背景分析透彻，是理性看待事件的需要。当下自媒体太发达，复杂的自媒体立场很有可能影响我们的判断，这就更有对"口罩歧视"进行探析的必要。太阳底下没有新鲜事，也没有先天绝对成立而让人天然接受的"理"。正确的价值导向，是文明时代的标配。

真金不怕火炼，制度经得起考验

山东省济南第七中学　张志鹏

新闻事件

中国–世卫组织联合考察组外方组长布鲁斯·艾尔沃德表示：中国的抗疫方法是唯一事实证明成功的方法。

在新闻发布会上，布鲁斯·艾尔沃德博士讲述了关于中国战"疫"采取的策略、集体的行动以及带来的影响。

第一，中国做了什么？面对一种未为人知的新型病毒，中国坚持古老的传染病防治方法与现代科技相结合的原则，中国的策略坚定而高效。

第二，这种策略是如何付诸实施的？中国人民有着巨大的集体意愿，上至省长市长，下至社区工作者，上下齐心，步调一致。这是一种全政府、全社会策略，在世界范围内并不常见。

第三，这种策略的开展是否真的产生了影响，带来了改观？他说，如图所示他手持的这张新冠病毒在中国的流行曲线图，其中的可能情况和

实际情况之间的差距，展示了中国所采取的有力措施避免了可能发生的数十万例感染。

（摘编自"环球网"2020年2月26日相关报道）

据美国约翰斯·霍普金斯大学疫情实时监测系统显示，截至2020年5月22日，美国累计感染新冠肺炎的确诊人数已经超过164万，死亡人数超过9.7万。

（摘编自《光明日报》2020年5月24日相关报道）

何以成长

中国的防疫抗疫历程为我们上了一堂热血沸腾的制度自信公开课，规模之大，感触之深，对每一个中国人来说都是终生难忘的。正如上海复旦大学教授张维为在《这就是中国》中所说：中国社会主义的模式并非十全十美，还有许多可以改进的地方，但在国际比较中，还是明显地胜出了。

中美政府在战"疫"中哪些政策差异，导致了战"疫"结果的天壤之别呢？

一、中国智慧科学战"疫"

面对这种未知的病毒，我们没有现成的经验可以借鉴，但是我们对疫情科学研判、精准施策，这都彰显了中国的制度优势。

疫情暴发初期科学研判。新型冠状病毒是一种新出现的病原体，传染性强、传播速度快，因此，这一未知病毒刚出现就对全球公共卫生和社会经济发展造成了巨大威胁。对病毒的传播、影响以及疫情的发展趋势的科学研判是防疫工作的重要基础。

战"疫"中精准施策。面对国内疫情暴发，党和政府果断采取措施，有针对性地解决问题，如集中力量建造方舱医院、开展社区疫情防控、利用大数据研判疫情趋势等。

果断"封城"。对新型冠状病毒特点进行研判后，即刻采取"封城"措施彻底阻断传染源、遏制疫情发展。1月23日,党和政府果断决定对武汉进行交通隔离。事实证明,对人群进行隔离是防治传染病最有效、最根本的方法。

倾力防控。面对一种未为人知的新型病毒,中国采取了古老的传染病防治方法:勤洗手、戴口罩、保持社交距离、社会层面的体温监测。进而,在与病毒较量的过程中,展示了我国科研队伍的实力。科研人员在不到一周的时间里就确定了新冠病毒的全基因组序列,并分离得到这个病毒的毒株,进而推出多种检测试剂产品,迅速筛选有效药物和治疗方案,推荐到一线临床救治。

举国抗疫。你敢相信吗?7000人10天建成火神山医院,中国速度再次惊艳世界。你不惊叹吗?截至2020年3月8日,全国累计派出345支国家医疗队、4.26万名医务人员。他们是最美的逆行者,是中国捍卫人民健康的脊梁。你能想象吗?截至2020年3月4日,医疗物资保障组累计向湖北省供应医用防护服502.88万件、隔离衣192.54万件、医用隔离眼罩130.09万个、红外测温仪18.6万台!你不自豪吗?在重大疫情面前,我们的党和政府一开始就鲜明提出把人民生命安全和身体健康放在第一位,坚持"人民至上、生命至上",全力以赴投入疫病救治,救治费用全部由国家承担。每一个中国人心中都升腾起一句话:此生无悔入中华,来世还做中国人!

战"疫"取得重大战略性成果。中国用短短两个月的时间有效控制住了疫情,保障了人民基本生活。现在峰回路转,全国几乎全面复工复产复学,中国成为最安全的国家,欧美飞往中国的机票一度涨到五六万元一张。

二、美国冷漠轻视错失良机

新冠肺炎疫情暴发后,美国从最初的"幸灾乐祸"、傲慢与偏见、冷漠与轻视,到后来的"捂、瞒、骗",致使新冠病毒在美国肆虐。

先是"消极抗疫,无视生命"。突如其来的疫情是人类的一场共同灾难。国际社会团结一致,共同应对才是人间正道。但美国政府担心疫情冲击经济,所以在疫情蔓延初期,就毫不犹豫地选择了消极抗疫。

正如福山所说："我们的总统花了两个月的时间在说大流行与我们无关。"因此，多次无视世卫组织和国内外专家警告，多次声称疫情可控，多次自称物资充足。

再是"欺骗瞒报，政治考量"。今年是美国四年一次的总统大选年，由于害怕疫情影响选票，美国政府对美国民众撒下了弥天大谎。美国发生第一例本土病例后，特朗普总统在新闻发布会上谎称新冠病毒就是"大号流感"，不用怕，病毒会自动消失；"不用戴口罩，新冠病毒不会对美国产生大的影响"等，使美国错过病毒防控的最佳窗口期。随着美国新冠病毒感染确诊人数的剧增，失控就成了必然。

最后"惊慌失措，乱开药方"。随着美国新冠病毒疫情失控，美国医疗物资严重不足。美国总统特朗普不是给各州提供口罩、消毒液、呼吸机，而是胡乱开药方，比如宣传氯喹是治疗新冠病毒的特效药，一度引发疯抢"羟氯喹"；还有更离谱的是传言"注射消毒液"能杀死新冠病毒，引发无辜的病人死亡，致使美国防控专家以及生产消毒液的企业不得不连夜辟谣。

新冠病毒在美国肆虐。截至2020年5月22日，美国累计感染新冠肺炎的确诊人数已经超过164万，死亡人数超过9.7万。这样的抗疫表现引发不少美国专家学者、媒体对美国政府执政甚至美国的制度性问题进行批评和反思。

三、中美应对疫情政策差异的根源

同样的疫情，不同的国家，不同的制度，不同的应对，产生了截然不同的后果。

中国的抗疫制度的出发点和落脚点都是围绕着人民的意志和利益这个中心。疫情发生后，党中央把保护人民的生命和健康安全放在首位，充分发挥其总揽全局、协调各方的领导核心作用，这是我们打赢疫情防控战的根本保证。国务院在党中央的领导下，坚持为人民服务的宗旨和对人民负责的工作原则，联防联控机制统筹协调，各地区各部门履职尽责，社会各方面全力支持，开展了疫情防控的人民战争、总体战、阻击战。还有中国的新型举国体制，发挥集中力量办大事的优势是西方社会无法做到的。

　　美国所谓的民主抗疫制度是一种程序民主。美国政府所秉持的是"把该做的防控流程都做完，如果还是解决不了，那也无所谓了，是不可抗力"。美国的联邦制弱化了国家统一调配能力，畸形的政党政治进一步阻碍了形成全国抗疫合力。美国这次抗疫失败最根本的原因是：美国一些政客眼中有股票，有选票，却单单没有民众的健康与生死。2020年5月20日，美国《时代》周刊发表美国前总统奥巴马的资深演讲撰稿人大卫·里特的评论文章《美国的新冠病毒危机是民主制度的失败》。

点睛锐评

　　回顾中国抗疫的历程，对比美国在疫情暴发之后的表现，中国的行动充分证明了中国特色社会主义制度和国家治理体系的显著优势。经历了这场大考，每一个中国人，都为中国共产党的英明领导而自豪，为中国人民的团结伟大而自豪，为时代的创新发展而自豪。我们更加坚信，如果奇迹有颜色，那一定就是中国红！

疫情让我更深爱这脚下的土地

山东省济南第三中学　陈　侠

新闻事件

　　国新办3月26日就中国关于抗击疫情的国际合作情况举行发布会。国家国际发展合作署副署长邓波清表示，当前，疫情仍在不断发展，各国都在全力应对。中国本土疫情传播已基本阻断，但仍面临零星散发、局部暴发和境外输入的风险。中国将在做好自身疫情防控的基础上，继续向有关国家提供力所能及的援助，也希望有更多力量参与到国际抗疫援助中来。

（摘编自《新京报》2020年3月26日相关报道）

　　据美国约翰斯·霍普金斯大学发布的疫情数据显示，截至北京时间5月16日6时30分，美国累计确诊1439434例，累计死亡87204例。与前一日6时30分数据相比，美国新增确诊病例26422例，新增死亡病例1623例。

（摘编自《环球时报》相关报道）

　　继连续多次掀起"口水战"后，美国总统特朗普和纽约州州长科莫的态度似乎都出现了缓和。当地时间14日，纽约州州长科莫在记者会上表示，"如果他想吵架，我是不会让他得逞的"。围绕美国是否适合复工、何时复工等问题，特朗普一直与各州州长争论不止，特别是他与科莫的互动一直是美媒关注的焦点。就在同一天，特朗普在白宫召开的简报会上，也一改之前强硬的口吻，松口称"州长将决定各自的计划"，还表示，他将授权州长们执行各州重新开放经济的计划，并将于近期与50个州的州长讨论计划和方案。

（摘编自《中国经济周刊》2020年4月15日相关报道）

自武汉3月19日宣布新增新冠肺炎确诊病例首次为零开始，我国抗疫的形势迎来了一个重要转折点。截止到4月3日，中国已发布了7版新冠肺炎诊疗方案、6版防控方案，并已翻译成多语种同各国分享交流。中国还与全球100多个国家、10多个国际和地区组织分享疫情防控和诊疗方案等多份珍贵的技术文件，并通过多种方式与许多国家和地区组织进行了数十次疫情防控经验交流。中医药抗疫的成功经验也开始迈向国际战场。

（摘编自"中国军网"2020年4月3日相关报道）

据《环球时报》援引《迈阿密先驱报》等多家外媒消息，近期，美国不惜一切手段在世界范围内疯狂抢夺医疗物资，就连南美洲一个超小型岛国的物资也不放过。当地时间4月5日，巴巴多斯卫生与健康部长杰弗里·博斯蒂克在新闻发布会上公开指责美国，表示一位慈善家为巴巴多斯捐赠了20台呼吸机，但这些呼吸机在途经美国时遭到了扣押，杰弗里·博斯蒂克还强调，这批呼吸机已经付完款，但却仍然遭到美国的无故扣押。

（摘编自"国际观察网"2020年4月8日相关报道）

3月1日上午，截至目前全国年龄最大的新冠肺炎危重症患者、98岁的胡汉英从武汉雷神山医院治愈出院。跟胡汉英一起出院的，还有他54岁的女儿丁女士。2月13日，母女同时确诊入院，大连医科大学附属二院隋绍光主任介绍，住院时胡汉英有高烧、心功能不全等症状，主要通过抗病毒、治疗基础病、营养支持、预防并发症等方式治疗，有时候还会让医护人员推老人到医院过道晒晒太阳来调节心情，身体和心理全方位治疗，老人自己也非常配合。

（摘编自《长江日报》2020年3月1日相关报道）

在意大利受疫情影响最严重的北部地区，新冠病毒感染人数呈指数级增加，医生们参照战时分诊的原则来决定谁能获得有限的ICU床位。由于ICU短缺，意大利麻醉学和重症监护学会发布了15条建议，作为决定转入重症监护病房的参考：包括病人的年龄和活下来的可能性，而不仅仅是"先到先得"。

（摘编自"光明网"2020年3月11日相关报道）

何以成长

一、生命至上

在某些国家，新冠病毒核酸检测需要民众自费，至于高昂的治疗费更是要自掏腰包。疫情面前，金钱似乎只是其中一道壁垒，更棘手的是医疗资源的供给。为防控疫情，大多数国家的医院都在超负荷运行，而且因为药物和医疗设施的紧缺，已经开始实施"战时分诊原则"。有些国家不得不拔掉60岁（或65岁）以上新冠患者的呼吸机。为什么老人会被放弃？这是很多人都想问的问题。因为年轻更有救助价值，这是一个最普遍的答案。但是年龄不应该成为判断一个人生命价值的唯一标准，因为所有生命都应该被同等尊重。可面对疫情，原本应该公平对待的生命，现在却不得不做出"性价比"的选择。而在中国，新冠检测是免费的。不仅如此，对于新冠病人我们国家采取应收尽收的政策，且所有治疗都免费，就连80多岁、90多岁老人也都可能康复出院。即便难度大、费用高，我们国家还是不放弃任何人，不放弃任何生的机会；不管男女，不管老少，不管家庭，只管你需不需要。此时此刻，我们身处在中国，我们感受到的是"生命至上"的国家信念，是不放弃任何一个生命的"应收尽收"，更是对每个人生命价值的平等展现。这样的中国，怎能不让我们更深爱？

二、大国担当

有人说疫情就是一面照妖镜，照出了美与丑、善与恶，很多人到关键时候才明白古语说的"患难见真情"。我们深知"没有国家能脱离世界率先结束疫情"，这意味着，所有国家必须万众一心，齐心抗疫。疫情全球蔓延，在国内形势刚刚转好的情况下，中国向世界提供了力所能及的支持和捐助。我们也愿意伸出援手，向世界提供中国抗疫模式、分享抗疫经验，拿出"中国方案"供各国参考。这是一场举世无双的"战争"考验，中国在这场"战疫"中展现出了史诗级的"战备物资配置"能力，更展现了一种大国的风范与胸襟。

习近平主席在第73届世界卫生大会视频会议开幕式致辞中说："中国始终秉持人类命运共同体理念，既对本国人民生命安全和身体健康负责，也对全球公共卫生事业尽责。"同时，像韩国等国家在借鉴了中国经验的"抗疫"阻击战中已经获得了阶段性的胜利。中国倡导的人类命运共同体理念，无私提供的中国抗疫方案和经验，为众多国家提供的力所能及的帮助，无不展现着大国担当与世界影响力。而美国却奉行"美国优先"的理念逆全球化，甚至对德国等同盟国乃至世界小国都出手打劫战疫物资。我们不得不说，在这场世界"战疫"中，世界的政治格局悄然变化着，美国与中国的领导力正此消彼长着。一场"战疫"，让我们感到，在任何时候中国都展现了一种要让民族挺起脊梁的价值追求与觉醒，都坚守着对现实的承诺和对未来的希望，此时此刻的中国展现了"大国担当"的风范，赢得了世界的尊重。这样的中国，怎能不让我们更深爱？

三、以人民为中心

在这次疫情中，中外防控成果的巨大差异，让我们不得不深思两种社会体制的不同。以美国为例的总统选举制度、地方自治制度以及美国民众极度的民主和自由（民众可以拥有枪支），使得美国现阶段面对这次疫情表现出了政府防控的无力和不断增加的确诊及死亡病例。而疫情给中国带来诸多挑战的同时，更让我们看到了在整体决策系统中，各级党委能够通过严密的领导体制机制进行组织决策，从而保证各项措施能够稳步推进，并在决策通过后，能够得到有效执行。这种决策及执行机制保证了党能够从更长远、更全局、更宏观的方向来进行决策。在我们应对疫情的决策过程中，无论是党的领导人还是国家机关领导人，在决策过程中都坚持群众路线，与人民群众同呼吸共命运，始终把体现人民群众的意志和实现人民群众的利益作为自己一切工作的出发点和归宿，保证了决策的民主性和代表性。

在这场疫情中，中国制度的"党性"和"人民性"深刻体现在我们党和政府充分保护人民群众生命健康所采取的坚定有力的措施上。这是我们国家"一方有难、八方支援""举国动员"的制度优势，"以人民为中心""生命至上"的国家信念，"万众一心""共度时艰"的民族精神和"最美逆行者""党员突击队"等彰显核心价值的巨大正能量。中国制度的内在逻辑充分释放了中国制度的独特优势。现阶段的防疫成果，让我们对新时代中国特色社会主义"以人民为中心"的"举国动员"体制优势和制度充满自信。这样的中国，怎能不让我们更深爱？

四、民族信任

疫情让我们看到了中国特色社会主义"以人民为中心"的"举国动员"体制优势和制度自信，更让我们明白了这是一场人人参与的战争。"一方有难，八方支援"的中国温度沸腾了。一切以全局利益至上的大局意识奔腾在每一个中国人的血脉中，不畏艰险、敢于胜利的精神旗帜树立在每个中国人的心中。我们中的普通人成了"最美逆行者"：写下请战书、奔赴一线的医护人员，坚守岗位、维护社会秩序的警务人员；下沉社区服务的志愿者，传送物品的快递小哥……灾难面前，每个人的表现就是一个民族的缩影。即便是被大人们保护着待在家里的孩子们，也在用自己的方式学会独立、学会成长、学会关爱他人，去支持父母抗击疫情、宣传防疫知识、为中国加油。

这是我们民族舍我其谁的担当，敢言者弥足珍贵的风骨，普通人熠熠发光的善良与坚强。中国人民，即便是老幼妇孺，在此刻都普遍展现出了高度的"自觉""自省"和"自发"，表现出了对政府行政的巨大信任和配合，让我们体会到了一种独特的"民族信任"。这种"民族信任"源于绵延数千年而沉淀于中国人民血液中的"民族文化"。"苟利国家生死以，岂因祸福避趋之。"此时此刻，你有没有为自己而感动？这样的中国人民，怎能让我们不更爱自己？这样的中国，怎能不让我们更热爱？

只有在危难时刻才会明白，我们那么爱的中国是多么有责任有担当。遇到问题，我们从不埋怨，更不推脱，谨慎而又快速地做出了一个个决定。每一个决定都关系着一个人的生死、一个民族的存亡，甚至整个人类的命运。我们坦然接受那些不可改变的，全力控制那些可以控制的。何其有幸，我们生在这样一个温柔而有力的国家。作为中国人，我们生于斯、长于斯，深沉地爱着我们脚下每一片土地。

点睛锐评

必须承认一场疫情让很多人都庆幸自己身在中国，更让每个中国人都深感我们更加热爱我们的祖国。而这种热爱之情由何而来，又如何理性地将爱国之情落地，是一个值得我们去思考的问题。此次疫情，让人们从安全感、荣誉感、认同感中找到了我们爱国之情的滋长源泉，更让我们在感性与理性中得以成长。